Félix Lope de Vega y Carpio

Las grandezas de Alejandro

Créditos

Título original: Las grandezas de Alejandro.

© 2024, Red ediciones S.L.

e-mail: info@linkgua.com

Diseño de cubierta: Michel Mallard

ISBN rústica: 978-84-9816-205-9.
ISBN ebook: 978-84-9897-736-3.

Cualquier forma de reproducción, distribución, comunicación pública o transformación de esta obra solo puede ser realizada con la autorización de sus titulares, salvo excepción prevista por la ley. Diríjase a CEDRO (Centro Español de Derechos Reprográficos, www.cedro.org) si necesita fotocopiar, escanear o hacer copias digitales de algún fragmento de esta obra.

Sumario

Créditos _____ 4

Brevísima presentación _____ 7
   La vida _____ 7

Personajes _____ 8

Tragicomedia dedicada al excelentísimo
señor el Duque de Alcalá, virrey y capitán general
en el principado de Cataluña _____ 11

Jornada primera _____ 13

Jornada segunda _____ 57

Jornada tercera _____ 103

Libros a la carta _____ 147

Brevísima presentación

La vida

Félix Lope de Vega y Carpio (Madrid, 1562-Madrid, 1635). España.

Nació en una familia modesta, estudió con los jesuitas y no terminó la universidad en Alcalá de Henares, parece que por asuntos amorosos. Tras su ruptura con Elena Osorio (Filis en sus poemas), su gran amor de juventud, Lope escribió libelos contra la familia de ésta. Por ello fue procesado y desterrado en 1588, año en que se casó con Isabel de Urbina (Belisa).

Pasó los dos primeros años en Valencia, y luego en Alba de Tormes, al servicio del duque de Alba. En 1594, tras fallecer su esposa y su hija, fue perdonado y volvió a Madrid.

Entonces era uno de los autores más populares y aclamados de la Corte. La desgracia marcó sus últimos años: Marta de Nevares una de sus últimas amantes quedó ciega en 1625, perdió la razón y murió en 1632. También murió su hijo Lope Félix. La soledad, el sufrimiento, la enfermedad, o los problemas económicos no le impidieron escribir.

Personajes

Atalo
Pausanias
Darío, rey de Persia
Rey Filipo
Alejandro
Leónides
Menón
Efestión
Olimpias, madre de Alejandro
Ariobarzano, persa
Rojane, amazona
Tirreno
Tamira
Lisandra
Arsaces
Filipo, médico
Lirano
Villanos
Tepolemo, huésped
El duque Hircano
Dos mujeres de Jerusalén
Rey de Epiro
Campaspe, dama
Lisímaco
Apeles
Vitelo, villano
Aminta, dama
Diógenes, filósofo
Un correo
Severino, soldado
Tebandro, embajador
Deyanira

Polidora
Dolomino, hortelano
El sacerdote Jado
Un Ángel

Tragicomedia dedicada al excelentísimo señor el Duque de Alcalá, virrey y capitán general en el principado de Cataluña

Cuánto importa el entretenimiento para que los cuidados no consuman el sujeto disputa Séneca en su libro de La Tranquilidad de la vida, y trae por ejemplo a Polión Asinio, aquel grande orador, que, en ciertas horas que descansaba, aun las cartas forzosas no leía Legum conditores (dice) festos instituerunt dies, ut ad hilaritatem homines publice cogerentur, tanquam necessarium laboribus interponentestemperamentum. No se puede entender esto mejor que de las comedias, que con pública alegría deleitan honestamente; y así, la autoridad de tan gran filósofo me ha dado atrevimiento de ofrecer ésta a V. Excelencia de entre la copia de cuidados de su gobierno, no para que imite tanto aquel orador riguroso, que en algún tiempo no incline los ojos a su historia, pues lo es tan verdadera siendo *Las Grandezas de Alejandro*, que no solo se dirigen a V. Excelencia por este título, mas por el que pudiera merecer de sumo filósofo como lo fue Aristóteles, su maestro, pues no hay facultad en que V. Excelencia no sea eminente; cosa digna de mayor alabanza en un príncipe a quien su sola y natural virtud ha obligado a tan inmenso, estudio, pues no habiendo nada para vivir de las letras, tanto las ha estimado y adquirido que alcanzará por ellas inmortal nombre.
Capellán de V. E.

Lope de Vega Carpio.

Jornada primera

(Salen Atalo, capitán, y algunos soldados en tropa, y Pausanias.)

Atalo   Pasad delante, soldados:
no os paréis aquí.

Pausanias   Detente;
que entre los que están parados
hay algún noble que siente
de pensamientos honrados.
  Y eso de alzar el bastón,
no es hecho de capitán
con los que tan buenos son
que respetados están
por sangre de Agamenón
  de su hijo Orestes fui
clarísimo descendiente.

Atalo   ¿Cómo me hablas así?

Pausanias   ¿No es respuesta conveniente?

Atalo   ¿Sabes lo que dices?

Pausanias   Sí.

Atalo   ¿Y que soy Atalo sabes,
cuñado del Rey?

Pausanias   También;
pero los hombres tan graves
tratan sus iguales bien.

Atalo   ¡Que de igualarme te alabes!
                 Estoy...

Pausanias   Harto mejor fuera
                 que yo mi agravio vengara,
                 y no dudes que lo hiciera
                 si a Filipo no mirara,
                 y su obediencia temiera.
                    Pero de tu gran malicia
                 yo le pediré justicia,
                 y sabrás con su castigo
                 cómo se han de usar conmigo
                 las leyes de la milicia.
                    Que, a no esperar con razón
                 que sabrá dejar vengada
                 mi honra en esta ocasión,
                 yo te volviera la espada
                 por donde vino el bastón.

Atalo   ¡Prendedle!

Pausanias   ¡Quitaos allá!

(Vase.)

Atalo   Mas dejadle, que él irá
                 donde le castigue el Rey;
                 ¿así se guarda la ley,
                 así respuesta se da
                    a un capitán como yo?

(Sale el rey Filipo de Macedonia, Alejandro, su hijo Leónides y Efestión.)

Filipo   ¿Cuándo dicen que llegó?

Leónides	Ayer dijo este correo.
Filipo	De verle tengo deseo.
Efestión	Leónides, señor, le vio.
Filipo	Tengo notable afición al Rey de Epiro.
Alejandro	Has pagado deudas que tan justas son.
Filipo	Fuera de ser mi cuñado, que era bastante razón, a Cleopatra concerté darle en casamiento.
Alejandro	Fue muy justo darle a mi hermana.

Filipo	Con esto segura y llana
	la dificultad dejé
	  de todas sus pretensiones
	y podré al Asia pasar,
	porque sus fieras regiones
	esta vez han de temblar
	mis esperados pendones.
	  La gente ¿está prevenida?

Atalo	Y toda tan deseosa, gran señor, de tu partida, que a tu corona famosa añade el Asia rendida.

Filipo	De un límite al otro pienso, poner, Atalo, a tus pies.
Atalo	¡Plegue a Júpiter inmenso, que entro los indios les des mirra y oloroso incienso!
Filipo	¿Qué hace Alejandro allí con aquel lienzo en los ojos?
Leónides	Llorando está.
Filipo	¿Lloras?
Alejandro	Sí.
Filipo	¿Qué es lo que te causa enojos? ¿Quieres tú quedarte aquí? ¿Amas la patria, o en ella dejas algo de tu edad?
Alejandro	Ni de mis gustos ni de ella, si te han dicho la amistad, señor, de Campaspe bella, siento soledad aquí; no son lágrimas livianas; que son de envidia de ti, porque, si tú el mundo ganas. ¿qué has de dejar para mí?
Filipo	Todo el mundo conquistado, Alejandro, ¿es poca herencia?

Alejandro	Mal entiendes mi cuidado, porque ésta es la diferencia en darme el mundo heredado. Que me dejaras quisiera que yo el mundo conquistara, y que a mis pies le pusiera, para que yo me alabara de que por mí le tuviera.
Filipo	¿Qué dices, Efestión?
Efestión	Que es virtuosa ambición la de Alejandro tu hijo.
Filipo	Ganarle quiero.
Efestión	Eso dijo.
Filipo	Buenos pensamientos son.

(Sale Pausanias.)

Pausanias	Si la definición de la justicia es dar a cada cual su justa parte, ¡oh, Rey de Macedonia! el que codicia ser justo rey, su sangre deje aparte; al estilo común de la milicia, disciplina política de Marte, tuve respeto al capitán que tengo, de cuyo agravio a querellarme vengo; no hice poco en detener la espada, que ya la vaina por salir rompía, quejosa de la mano, que, agraviada, la debida venganza suspendía;

          mas la obediencia a tu valor jurada
          sirvió de freno cuando más corría;
          di la vuelta a la cólera, aunque fiera,
          porque a tus pies parase la carrera.
             Detenerse en corrillo diez soldados
          cuando quieres salir, no es tal delito
          que merezcan por él los más honrados
          perder su honor, sobre la Luna escrito.
          ¿Bastón a un noble, a mí, que a mis pasados
          añado gloria aunque la suya imito?
          ¡Justicia, Rey, o al Asia te irás solo!

Filipo   Tiene razón Pausanias, ¡por Apolo!
             ¿Quién es el capitán que te ha ofendido?

Pausanias   Atalo, tu cuñado.

Filipo   ¿Mi cuñado?
          Merece ser, por serlo, preferido,
          aunque eres noble, a un popular soldado;
          de un hombre que mi hermana ha merecido,
          no sé cómo te llamas agraviado;
          vete, Pausanias: que el soldado sabio
          nunca de su mayor recibe agravio.

Pausanias   ¿De esta manera vas al Asia? Dime,
          ¿así piensas llamarte Rey de Oriente?
          ¿Quién quieres que a servirte, Rey, se anime?
          ¡Qué buen principio de engañar tu gente!

Filipo   ¿No quieres tú que un capitán estime,
          tan generoso, claro y excelente,
          más que un soldado?

Pausanias	No, si es el soldado merecedor de tu laurel sagrado. Pero yo te aseguro que esto sea parte para que el Asia, a que te partes, jamás tus naves en sus puertos vea, ni tremolen allá tus estandartes.
Atalo	Calla, villano, ya.
Filipo	¿Quién hay que crea tal libertad?
Alejandro	Mejor es que te apartes, Pausanias, del favor del poderoso.
Pausanias	¡Forzadme, cielos, a un morir famoso!

(Vase.)

Atalo	¿Esto has sufrido?
Filipo	Es noble este mancebo, y habló con el agravio; ven conmigo, que diferir, mientras me parto, debo de algunas libertades el castigo; pase la gente que contenta llevo donde me está aguardando mi enemigo, que tú verás si la justicia mengua.

(Vanse todos; queda Alejandro.)

Atalo	Por ti la voz no le clavé en la lengua.
Alejandro	¡Qué contento al Asia parte

mi padre, y qué triste yo,
a quien con tal fuerza dio
todas sus estrellas Marte!
  Ganado me ha por la mano
el ser del mundo señor:
¡cielos, usad de rigor,
haced que venza el persiano!
  Dejadme la empresa a mí,
estése queda la fama;
que he menester, pues me llama,
que toda se ocupe en mí.

(Sale Olimpias, madre de Alejandro.)

Olimpias   ¿Estáis ya muy de partida?

Alejandro   ¡Oh mi madre, oh mi señora!
            ¿Quién duda que estáis agora
            cerca de perder la vida?
              Vase Filipo, mi padre,
            a dificultosa empresa.

Olimpias   ¿De eso piensas que me pesa?

Alejandro   Tendréisme amor como madre;
              pero mayor sentimiento
            os dará el Rey mi señor.

Olimpias   Si yo le debiera amor,
            fuera justo pensamiento:
              ¡plegue al cielo, mi Alejandro,
            pues tantos males me ha hecho,
            que le sepulte el estrecho
            adonde yace Leandro!

    ¡Plegue al cielo que sus naves
se conviertan en sirenas,
de la quilla a las entenas,
rotas en pedazos graves!
    ¡Plegue al cielo que su gente
le venda al persa cruel,
y que su verde laurel
ponga la fama en tu frente!
    ¡Plegue al cielo...!

Alejandro   Ya los cielos
se enojan; basta, señora:
¿en qué te ha ofendido agora?

Olimpias   Soy mujer, rabio de celos;
    no me estima; quiere bien
esas mujeres que trata.

Alejandro   Bastante dolor te mata.

Olimpias   Bastaba el menor desdén;
    que celos, no digo en seso,
de mujer, que en el varón
de más alta perfección,
obligan a un loco exceso.
    Son, Alejandro, un furor
que, en justo aborrecimiento,
muda con rigor violento
la calidad del amor.
    Amor, piadoso por sí,
es con celos tan cruel
que busca el daño de aquel
que adoraba más que a sí.

Alejandro	Con mi padre no es razón que uséis de crueldad tan fiera.
Olimpias	Cuando Filipo lo fuera, era bastante ocasión: no es tu padre.
Alejandro	No han podido llegar los celos a más, pues ofendiéndote estás para dejarle ofendido. Y entre esas ofensas, madre, ¿no es menor mi bastardía?
Olimpias	De quien soy, hijo, confía que te he dado honrado padre.
Alejandro	Más que Filipo, ¿hay alguno?
Olimpias	Júpiter, dios inmortal, ¿no es padre más principal que de la tierra ninguno?
Alejandro	¡Júpiter! ¿Cómo?
Olimpias	¿Tú ignoras que los dioses han gozado mujeres?
Alejandro	¿Qué me ha engendrado, madre, el mismo dios que adoras?
Olimpias	Júpiter te ha dado el ser, Alejandro, con que vives;

	Divino valor recibes
	de su divino poder;
	mira si es la obligación
	que tienes para actos viles.
Alejandro	Si de la sangre de Aquiles,
	de Pirro y de Agamenón
	tanto se precian agora
	mil macedones y griegos
	desde los troyanos fuegos,
	¿qué haré yo de un dios, señora?
	Y no Dios de humilde esfera,
	sino el mayor; dadme, madre,
	los pies con tan alto padre.
Olimpias	Detente, Alejandro, espera;
	esos agradecimientos
	muestras a los cielos amigos.
Alejandro	No he menester más testigos
	que mis propios pensamientos.
	Alma, ¿soy su hijo? Sí,
	porque no cupiera en vos,
	a no ser hijo de un dios,
	lo que he pensado de mí.
	Este deseo, este celo
	de ser señor de la tierra,
	solo es digno del que encierra
	tan alta parte del cielo.
	Si tengo este ser divino
	de mi gran padre heredado,
	no es mucho lo que he pensado
	si de su valor me vino.
	Olimpias, adiós; que el mundo

             es corto para esta mano;
             yo seré Alejandro el Magno,
             yo Júpiter el segundo;
             partiremos cielo y suelo
             los dos porque no haya guerra;
             yo seré dios en la tierra,
             pues lo es mi padre en el cielo.

(Vase Alejandro y entra Pausanias.)

Olimpias   Notablemente animé
             contra su padre el valor.

Pausanias   No os quejéis, divino honor,
             de que venganza no os dé,
                porque ya pensando vengo
             de dar la muerte a Filipo,
             y a la vida os anticipo,
             que es el mayor bien que tengo.
                Los caballos dejo a punto
             en que me pienso escapar.

Olimpias   ¿A quién tratas de matar?

Pausanias   ¡Matar!

Olimpias   Eso te pregunto.

Pausanias   ¿Miras tú los pensamientos?

Olimpias   No, que a tu lengua lo oí.

Pausanias   Señora...

Olimpias	Fía de mí
mayores atrevimientos,
si mayores pueden ser
que matar a un Rey tirano.
¿De qué te turbas en vano?
Pausanias	De ver que eres su mujer.
Olimpias	Es verdad; pero celosa,
que, con rigor de la injuria,
ya no soy mujer, soy furia;
di que soy mujer furiosa.
Pausanias, no hay que temer,
porque no han hecho los cielos
fuego mayor que en los celos,
ni celos como en mujer.
¿Qué te ha hecho este tirano?
Pausanias	Mayor agravio me ha hecho,
porque no me ha satisfecho
del que me hizo un villano.
Estoy, Reina, sin honor;
pedí justicia a mi Rey;
pero no es común la ley
donde hay interés o amor.
Atalo me puso al pecho
su bastón; Filipo dice
que es justo; yo satisfice
con mi obediencia al derecho
de capitán y de Rey;
mas pues él no me ha vengado,
de vasallo ni soldado
no me ha de alcanzar la ley;
Atalo viva; no quiero

	de Atalo venganza ya;
	Filipo me pagará
	mi honor.

Olimpias   Defenderte espero;
            y ¡por vida de la vida
            de Alejandro que te trato
            verdad!

Pausanias   Habla con recato;
            que si eres de esto servida,
            presto te daré venganza.

Olimpias   Altos pensamientos tienes:
            ¿Qué armas traes? ¿Con quién vienes?

Pausanias   Con mi propia confianza
            y aquesta daga francesa.

Olimpias   ¿Dejas caballos a punto?

Pausanias   Sí, señora.

Olimpias   ¡Oh, si difunto
            le viese! Mas de hablar cesa,
            que viene el Rey.

Pausanias   ¡Morir tiene!

Olimpias   No, no, que no habrá remedio
            de escaparte, porque en medio
            de dos Alejandros viene.
            El uno es el Rey de Epiro,
            que viene a ser su cuñado,

	y el otro mi hijo.
Pausanias	El hado
por quien contra el Rey conspiro
me lleva de los cabellos:
¡hoy le tengo de matar!
Olimpias	Pues déjame ir a buscar
a quien te defienda de ellos.

(Vase Olimpias, y salen Filipo y el Rey de Epiro, y Alejandro y capitanes.)

| Filipo | Entre tales columnas, Rey de Epiro,
como dos Alejandros, hijo y yerno,
seguro el templo de mi imperio miro. |
|---|---|
| Rey | Guarde, Filipo, Júpiter eterno
tu ilustre vida, y con mayor estado
aumente en paz tu cetro y tu gobierno;
la gloria de haber sido tu cuñado
tanto crece con ser tu yerno agora,
que nueva vida y nuevo ser me has dado.
¡Plegue a Dios que tu espada vencedora
vuelva de mil laureles coronada
desde las puertas de la blanca aurora! |
| Filipo | Si ella volviere a Macedonia honrada,
tuyo será el provecho. ¡Hola, Leónides!
¿En qué se tarda mi Casandra amada? |
| Leónides | Ya viene, gran señor. |
| Pausanias | ¿Por qué me impides,
temor cobarde, de tan alto hecho, |

>   la gloria que ha de dar envidia a Alcides?
>   ¿No he de morir? Pues muera satisfecho.

(Dale, y huye.)

Filipo   ¡Ay, que me han muerto!

Alejandro   ¡Oh, cielos, un tirano
>   pasó a mi padre el inocente pecho!

Leónides   Pausanias es.

Rey   Seguidle.

Alejandro   ¡Oh, fiera mano!

Rey   ¡Cielos, tan temerario atrevimiento
>   pudo caber en pensamiento humano!

Alejandro   ¡Padre! ¡Ah, padre! ¡Ah, señor! Ya en breve aliento,
>   envuelta el alma noble, al cielo parte,
>   rompiendo alegre la región del viento.

Rey   Ya tiene igual en sus esferas Marte,
>   y desde allí, como marcial estrella,
>   puede, Alejandro su influencia darte.

Alejandro   Todas mis esperanzas pongo en ella.
>   Llevad al Rey a Olimpia, capitanes;
>   arrastrad las banderas y pendones
>   con que pensaba hacer temblar el Asia;
>   cubrid las cajas y los blancos yelmos
>   de negro luto, y den común tristeza
>   con roncas lenguas las trompetas sordas;

	decidle que no, voy acompañándole
por no atreverme a resistir sus lágrimas.
(Sale Efestión.)	
Efestión	Ya queda el temerario mozo muerto,
atravesado de diversas lanzas;
ya el alma pertinaz baja al infierno,
y éste es el punto que en la barca pasa.
Leónides	Iba a tomar un bárbaro caballo,
en que pensó dejar atrás el viento,
cuando llegó la lanza de Lisímaco,
que le paso de esotra parte el hierro.
Alejandro	¡Gran Rey habéis perdido, macedonios!
Efestión	Buen rey nos queda en ti.
Rey	Sobrino mío,
bien dice Efestión; tú reina y vive,
que ya Filipo es muerto.
Alejandro	Abrid el templo:
daré gracias a Júpiter divino.

(Alcen una cortina, y en un altar esté un ídolo y un braserillo junto a él.)

Efestión	Aciertas en mostrarte religioso;
que todos los principios favorables
se han de tomar de los divinos dioses.
Alejandro	Echarle quiero incienso y ofrecerle
mi corazón en víctima.

Rey Bien haces;
ya sube el humo al cielo.

Leónides Espera un poco.
No pongas tanto incienso en el brazero
que aun no has ganado tú la Arabia félix
donde se cría.

Alejandro Para Dios, Leónides,
las manos no han de ser jamás escasas;
podrá ser que, por este incienso, Júpiter
algún día me dé las dos Arabias;
¡Rey, señor, padre, si esta sangre es tuya,
iguala mis sucesos con mi ánimo,
que desde aquí voy a ganar el mundo!

Rey ¡Breve oración!

Alejandro Enójanse los dioses
de los hombres parleros e importunos;
cerrad, y vamos donde el Rey de Epiro
se case con Casandra, porque luego
quiero embarcarme al Asia.

Leónides El laurel toma.

(Póngale el laurel.)

Alejandro Primero, amigos, sacaré la espada.

Rey No resplandece más gallardo Marte.

Efestión ¡Viva Alejandro!

Alejandro	Júpiter reciba
vuestros deseos.
Todos	¡Alejandro viva!

(Vanse, y sale Campaspe, dama de Alejandro y Lisímaco.)

Campaspe	¿Qué quieres tú que te dé
por las albricias?
Lisímaco	Si es justo
que yo las pida a mi gusto,
y el tuyo, Campaspe, fue,
solo te quiero pedir
de Alejandro, mi señor,
la gracia.
Campaspe	Él te tiene amor;
poco habrá que persuadir.
Lisímaco	Para mí, ninguna cosa
de más valor puede ser.
Campaspe	Si hoy llego a ser su mujer,
¿qué mujer fue tan dichosa?
Que ya es Rey, que ya ha llegado
al laurel de mi deseo;
por ser mi bien, no lo creo,
capitán, ¿hasme engañado?
Lisímaco	Júpiter, Campaspe bella,
me fulmine si te engaño.

Campaspe	¡Bravo atrevimiento!
Lisímaco	Extraño, o fuerza de alguna estrella. No le aprovechó venir de dos Alejandros tales en medio.
Campaspe	Somos mortales: no hay resistencia al morir. ¡Quién le vio ya de partida para ganar el Oriente, y ve, Alejandro, tu frente del mismo laurel ceñida! No goza el Sol ningún hombre hasta la noche seguro; mas ¿cómo encubrir procuro, Rey de mi alma, tu nombre? Vive tú, reina, corona tu cabeza; el instrumento alabo.
Lisímaco	¡Justo contento!
Campaspe	Filipo muerto, perdona; que, como a Alejandro adoro, deseo verle señor de Macedonia; su amor templa de tu muerte el lloro. Confieso que me ha causado, más que pesar, alegría, porque con la vida mía tu muerte hubiera comprado. Lisímaco, cierta estoy

	que vendré a ser su mujer.
Lisímaco	Yo no le he visto querer, no, ¡por la fe de quien soy! A mujer con tal extremo: eres la vida que vive; mas a verle te apercibe.
Campaspe	Viene el Sol, sus rayos temo.

(Sale Alejandro muy galán, con laurel, y Efestión.)

    Mil años gocéis, señor,
de Macedonia el laurel:
¡qué bien parecéis con él!
Aumentado habéis mi amor.
    No os iguala, mi Alejandro,
con ese bastón famoso,
el vencedor generoso
del hijo fuerte de Evandro.
    Ni así pareciera Aquiles
sobre Troya airado y fiero,
aunque más le ensalce Homero
en sus conceptos sutiles.
    Dadme a besar esas manos;
bien sabéis que es justa ley,
mi vida, pues sois mi Rey.

Alejandro	¡Por los cielos soberanos que si yo te agrado a ti de verde laurel ceñido, que nunca me has parecido, Campaspe, tan bella a mí; y que diera por tener

	un retrato, prenda mía, del traje con que este día mi laurel vienes a ver, todo este reino heredado!
Efestión	La alegría siempre aumenta la hermosura; está contenta de verte el laurel sagrado. Y baña en claveles rojos y pura nieve la cara, y como en mañana clara relumbra el Sol de sus ojos.
Campaspe	Si de esta suerte os agrado, hoy me pienso retratar; que os quiero, Alejandro, dar de mi alegría un traslado.
Alejandro	De jazmines y claveles a lo menos lo darás; que os quiero, Alejandro, dar de mi alegría un traslado.
Efestión	¡Señor!

Alejandro	Llama a Apeles:
	    retrate de mi Campaspe
	la celestial hermosura,
	mientras hace su figura
	Lisipo en mármol o jaspe.
	    ¡Viven los dioses, que estoy
	loco de mirarte así!
	Nunca más reinaste en mí
	que hoy, Campaspe, que Rey soy.

          Pedidme todos mercedes,
          que a ti no hay más que te dar:
          que si en mí puedes reinar,
          todo cuanto quieras puedes.

(Salen Efestión y Apeles.)

Efestión   Con tabla, naipe y colores,
          Apeles viene a servirte.

Alejandro   Apeles, no hay qué advertirte;
          hoy las estrellas, las flores,
            pintas al cielo y al suelo,
          hoy al mismo Sol retratas;
          tu fama, Apeles, dilatas
          con admiración del cielo.
            Hoy de la naturaleza
          has de ser competidor.

Apeles   Suspenso estoy, gran señor,
          de contemplar su belleza.
            Nunca tan pródigo vi
          al cielo de su hermosura.

Alejandro   Siéntate.

(Siéntense Apeles y Campaspe.)

Apeles   Está la pintura
          corrida de verse aquí.
            Las colores no podrán
          competir con las que ven;
          el arte y mano también
          cobardes de verla están.

¡Cielos, pintores divinos!
Es, Prometeo, mi fama,
que os pretendo hurtar la llama:
¡muerto soy! ¡Qué desatinos!
    No creo que más turbado
con el carro del Sol fue
Faetonte, que aquí se ve
mi pensamiento abrasado.

Alejandro   ¿Qué dices?

Apeles   Digo, señor,
que de una rara figura
nadie entiende la hermosura
como un perfecto pintor.

Alejandro   Yo sabré quererla bien
si tú entenderla sabrás.

Apeles   Y tú la quisieras más
si la entendieras también.

Alejandro   Basta al bien, para quererle,
ser bien si no le entendemos;
que también a Dios queremos
y es imposible entenderle.

Apeles   Rindo la ignorancia mía;
que ya sé que tu maestro
Aristóteles más diestro
te dejó en filosofía
    que en las colores el mío.
¡Cielos, no acierto a pintar!

Alejandro	De ver a Apeles turbar me pesa.
Apeles	En vano porfío. ¿Qué importa poner aquí toda la fuerza del arte, si está amor por otra parte haciendo burla de mí? Pinta tu belleza Apeles en este naipe, y amor al alma con tal rigor, que hace las flechas pinceles. Extraña desdicha ha sido, que en el que yo vengo a hacer no te puedas parecer por lo que me has parecido. Si pinto los ojos, ciego; si la boca, mudo estoy.
Alejandro	Amigos, perdido soy; por la luz conozco el fuego. ¡Vive Júpiter sagrado que, de retratar Apeles a Campaspe, los pinceles el ciego amor le ha tomado! Y le ha pintado en su cara de suerte, que he visto en ella que está muriendo por ella.
Efestión	Debe de ser que repara en su mucha perfección.
Alejandro	De parar y reparar, he perdido con mirar

	lo mejor del corazón:
	deja, Apeles, el retrato.
Apeles	Pues ¿no quieres que le acabe?
Alejandro	No sabrás.
Apeles	El cielo sabe
	que me ha sido el arte ingrato,
	ciego de tanta hermosura.
Alejandro	Muestra a ver: no le parece;
	mas no es mucho si se ofrece
	aquí como en niebla oscura;
	porque si el alma te viera,
	adonde la has retratado,
	Apeles, con más cuidado,
	yo sé que se pareciera.
Apeles	¡Señor!
Alejandro	No me des disculpa
	de amar ni de aborrecer;
	que si culpa puede haber,
	yo soy quien tiene la culpa.
	Mas porque veas que soy
	mejor pintor con el dar
	que tú para retratar,
	el original te doy.
	Mira si soy liberal,
	y no a tu pincel ingrato,
	pues que te pago el retrato
	con darte el original.
	Allá despacio procura

	retratarla, que ha de ser
tu mujer.
Campaspe	¿Yo su mujer?
Alejandro	Cuelga esta rica pintura
entre tus cuadros, ioh Apeles!
Apeles	¿Es tu grandeza o es ira?
Alejandro	Que soy Alejandro mira.
Apeles	Hoy consagro mis pinceles
al templo del dios de amor:
dame esos pies.
Alejandro	La belleza
que te he dado es la grandeza
que hasta agora hice mayor;
riquezas y estados di
sin haberlas heredado,
pero el alma no la he dado,
Apeles, sino es a ti.
Apeles	Fama tus hechos te den
perdurable e inmortal;
nunca he pintado tan mal
ni me han pagado tan bien.
Mas yo te juro pintar
un cuadro de aquesta historia,
que al templo de la memoria
sirva de famoso altar.
Alejandro	¿Lloras, Campaspe?

Campaspe   ¿No quieres
            que sienta perderte?

Alejandro   No,
            pues Apeles te ganó.

Campaspe   Mira que Alejandro eres;
               mira que sin esto es ley
            justísima mi dolor,
            pues vengo a ser de un pintor
            cuando fui reina de un Rey.

Alejandro   Campaspe, mira que el cielo
            se agravia, y su mismo autor,
            porque fue el primer pintor
            de la fábrica del suelo
               en dar vida, en dar belleza
            a las cosas con colores;
            mira que son los pintores
            segunda naturaleza.
               De un rey, si tengo valor,
            no pudieras tú emplearte
            en más elevada parte
            que en el alma de un pintor.
               Y es justo que te consueles
            de ver su hermosa figura,
            porque se halle tal pintura
            solo en la casa de Apeles.

Campaspe   Antes dirá, quien supiere
            que fui de un rey macedón,
            que fue por mi imperfección
            cuando en su casa me viere;

	que ya no tengo valor,
	pues por faltas que me hallaste
	a aderezar me enviaste
	a la casa de un pintor.

Alejandro   Mas antes dirá quien vio
                 que tu amor me satisfizo,
                 que si Alejandro te hizo,
                 Apeles te reparó.
                 Estima el arte divino;
                 bien casas; tu boda apresta:
                 ve con Dios.

Campaspe   Grandeza es ésta,
                 mas parece desatino.

Apeles   Tú verás presto en mi trato,
                 Campaspe bella, mi amor.

Efestión   Triste vas.

Alejandro   Dile a un pintor
                 el alma por un retrato.

Apeles   Ven, mi Campaspe, y no llores,
                 aunque es de amor justa ley;
                 que si Alejandro era Rey,
                 yo soy rey de los pintores.

(Vanse, y salen Leónides y Atalo, capitanes.)

Leónides   Alejandro en Corinto fue elegido
                 por general del Asia contra Darío.

Atalo   Parece que comienza a ser temido.

Leónides   A lo menos comienza temerario.

Atalo   Ya, de marciales hábitos vestido
                         previene el aparato necesario.

Leónides   La gente acude.

Atalo   Aficionada viene:
                         tal es la fama que en Europa tiene.
                             Están por lista ya treinta mil hombres.

Leónides   Un pecho liberal y generoso
                         es piedra imán.

(Salen Vitelo, villano, y Aminta, dama, en hábito de soldado.)

Aminta   Camina y no te asombres;
                         que no has de ser soldado y temeroso.

Vitelo   Contento voy de que soldado nombres
                         un villano que ayer, tan perezoso,
                         los bueyes de su arado iba siguiendo,
                         y de sudor la tierra humedeciendo.
                             ¿Por quién preguntaremos?

Aminta   Éstos creo,
                         Vitelo, que serán los capitanes.

Vitelo   ¿Quién es aquí Alejandro?, que deseo
                         servirle.

Leónides   ¡Buenos mozos!

Atalo   ¡Y galanes!

Aminta   Déjame hablar a mí.

Vitelo   Si yo me veo
                una vez con aquestos tafetanes,
                a fe que han de saber los de mi tierra
                lo que medran los buenos en la guerra.

Atalo   Amigos, Alejandro está en palacio:
                si os queréis alistar, venid conmigo;
                mas vos, ¿cómo vinisteis de esta suerte,
                que el traje que traéis no es de soldado,
                sino el que trae el que traéis al lado?

Vitelo   En los montes de Corinto
                        guardaba cabras, señor,
                        tan pocas que para ciento
                        faltaban noventa y dos.
                        Vestíame en el invierno
                        de los copos de algodón
                        que descuelga de las nubes
                        el viento, murmurador.
                        Y en el ardiente verano,
                        de los enojos del Sol,
                        haciendo cama la hierba
                        sobre alfombras de color.
                        Con poco trigo sembrado
                        tenía, gracias a Dios,
                        para cinco tiernos niños
                        y un ángel que los parió.
                        Vino por aquella tierra
                        un envidioso pastor,

que al buen amo que tenía
mis amores le contó.
Quitóme mis prendas caras,
pedazos del corazón,
y enviólas a otra tierra:
lloran ellas, muere, yo.
Quedé como en verde chopo
querelloso ruiseñor,
cuando le comió los pollos
de su nido pardo halcón.
Lloré soledades tristes,
canté endechas de dolor,
como pajarillo en jaula,
y cautivo en la prisión.
Maldije mis enemigos,
pero no me aprovechó;
que nadie sintió mis males,
sino quien supo de amor.
Faltaban horas al tiempo,
sobraban a mi dolor,
porque menguaban los ríos,
y los de mis ojos no.
En medio de estas desdichas,
donde sin remedio estoy,
por mi cabaña una noche
este mancebo pasó.
No le di el faisán preciado,
ni el vino espirando olor;
no sábanas que amortajan
al avariento señor.
Dile en la tejida encella
el cándido naterón,
miel virgen en su alcornoque,
blanco pan, que allí nació;

                la cama de pieles blancas,
                donde algunas veces yo
                no tuve envidia a los reyes
                y me envidiara el mayor.
                Contóme como pasaba
                Alejandro macedón
                a la conquista del Asia;
                y aunque humilde labrador,
                vengo a servir de soldado,
                por no ver con ambición
                los tántalos de su hacienda,
                los sabios de su opinión,
                la infamia en camas de seda,
                la virtud en un rincón;
                en las mujeres el oro,
                en los hombres el dolor,
                oprimida la verdad,
                levantada la traición;
                la ciencia en los hospitales,
                los necios llenos de honor,
                los amigos, todos falsos;
                y por eso, huyendo voy
                adonde muera sabiendo
                la mano que me mató.

Leónides   ¿Qué te parece el villano?

Atalo   Habla en sus desdichas bien.

Aminta   Mi vida os diera también,
                aunque los contara en vano,
                    notable contento y gusto;
                mas viene el Rey.

Atalo   Ven conmigo;
                    que quiero hacerte mi amigo
                    aunque labrador robusto.

Vitelo   Dadme, os suplico, una espada.
                    Veréis el hombre que soy.

(Vanse Atalo y Vitelo.)

Leónides   A solas contigo estoy;
                    ¿eres mujer?

Aminta   Mas no, nada;
                    hombre y muy hombre.

Leónides   No sé
                    si te crea.

Aminta   Bien podrás.

Leónides   Malos indicios me das.

Aminta   ¿No asiento con aire el pie?
                        ¿No piso con bizarría?
                    ¿Tengo afeminada voz?
                    ¿Piensas que en hablar feroz
                    consiste la valentía?
                        Pues hombre soy, tan valiente,
                    aunque me miras burlando,
                    que puedo solo, luchando,
                    cansar diez hombres, y aun veinte.

Leónides   Ahora bien, en la ocasión
                    sabremos presto quién eres.

Aminta	¡Qué mal pueden las mujeres encubrir su imperfección! De Alejandro enamorada, vengo en el traje en que estoy.

(Salen Alejandro, Efestión y Lisímaco.)

Alejandro	Muchacho dicen que soy: veinte años tiene mi espada; yo, otros veinte; luego ya, si hay entre los dos cuarenta, podremos dar buena cuenta de lo que a mi cargo está.
Efestión	Demóstenes, como sabes, gran retórico de Tebas, es autor de aquestas nuevas, que con palabras suaves se ha mostrado a la ciudad, contra tu honor, elocuente.
Alejandro	Castigaré prestamente su opinión con mi verdad.
Lisímaco	Otros dicen que eres muerto, y tus capitanes matan.
Alejandro	¡Qué bien los griegos nos tratan!
Atalo	Está todo el mundo incierto de la esperanza que das.
Alejandro	Atalo, si se ha de poder

        algo en el mundo, ha de ser
con la presteza no más;
    yo iré con tanta, que vea
el retórico hablador
que, aunque mozo, tengo honor;
y porque más presto sea,
    a media noche saldré
de la ciudad donde estoy.

Atalo   ¿Tan presto?

Alejandro   A fe de quien soy
que no meta en cama el pie;
    dame, amigo Efestión,
esa bola de metal.

Atalo   ¿Para qué es invención tal?

Alejandro   He hecho aquesta invención
    para tenerla en la mano,
mientras duermo, de esta suerte,
porque al caer me despierte.

Atalo   ¿Sueño quieres tan liviano?

Alejandro   En el rey y el capitán,
ha de ser el sueño así;
dejadme un momento aquí:
¡Qué soldado tan galán!
    ¿Quién eres?

Aminta   Quieres dormir,
y quiérote yo despierto.

Alejandro	Que no dormiré te advierto.
Aminta	No te lo quiero decir
delante de tanta gente;
cosa soy que hizo acaso
la naturaleza.
Alejandro	Paso,
que te entiendo llanamente.

(Vanse los capitanes.)   Nunca el hombre quiere hacer

lo que no es su semejante;
término, ha sido elegante,
conozco que eres mujer.
  Venme a ver cuando quisieres;
que en tiempo que con rigor
da cuidado el santo honor,
no han de ocuparle mujeres.

(Vase Aminta; siéntase Alejandro en una silla con la bola en la mano.)

Alejandro	Ven, sueño, y no te detengas,
que has de volver cuando vengas;
bien ves la priesa en que estoy.

(Duérmese, y entra Vitelo ya de soldado gracioso, con cuera, plumas y espada.)

Vitelo	Hasta su mismo aposento
de Alejandro pude entrar:
que en no se mandar guardar
conozco su pensamiento.
Vengo en traje de soldado

    a que me conozca el Rey;
conocer es justa ley
el que es dueño al que es criado.
    Quiero saber por quién voy
a matar persas, y es bien
que conozca el Rey también
quién le sirve, pues yo soy.
    Él está aquí, ¡santo cielo!
¡Sí duerme, durmiendo está!
¡Que éste es aquel de quien ya
tiembla lo mejor del suelo!
    ¿Qué puede significar
dormir este espanto humano
con una bola en la mano?
¿Si me la quiere tirar?
    Sin duda la tiene así
para tirársela a quien
le despertare.

(Cáesele la hola, y despierta.)

Alejandro   ¡Detén
la furia, espera!

Vitelo   ¡Ay de mí!

Alejandro   ¡Hércules divino, aguarda!
¿Eres tú?

Vitelo   Yo no, señor.

Alejandro   ¡Criados! ¡Hola, Antenor!
¿No hay un hombre de mi guarda?
   ¡Leónides, Efestión,

	venid, porque os cause espanto:
	veréis a Hércules santo,
	el hijo de Anfitrión!
Vitelo	Señor, yo soy un soldado
	que a servirte vengo aquí.
Alejandro	¿Tú soldado?
Vitelo	Señor, sí.
Alejandro	¿Cómo o por dónde has entrado?
Vitelo	Todos estaban durmiendo,
	ninguno me resistió.
Alejandro	¿Quieres algo?
Vitelo	Señor, no.
Alejandro	¡Ay, cielos, que ya os entiendo!
	En sueños estaba hablando
	con Hércules, y él me envía
	quien me despierte; que el día
	se viene ya declarando.
	Sígueme, cualquier que seas;
	toca al arma.
Vitelo	¡Muerto soy!
Alejandro	¿No me sigues?
Vitelo	Tras ti voy.

Alejandro ¿Te vas? ¡Yo haré que me veas!

(Vanse y sale Diógenes vestido como salvaje, de pellejos, con una escudilla.)

Diógenes Puro, divino cielo,
libro donde se escribe
la más alta y mejor sabiduría,
al engañado suelo
otras letras prohíbe
de las que en ti se ven la noche y día.
La divina armonía
de tus esferas miro,
tu Sol, Luna y estrellas,
leyendo siempre en ellas
la omnipotencia de tu autor, que admiro,
pues todo cuanto encierra
influyen a los hombres en la tierra.
 ¡Oh campos generosos,
que con abierta mano
me sustentáis de frutos diferentes;
jardines siempre hermosos
para el regalo humano,
cubiertos de esos techos transparentes!
A vos, hermosas fuentes,
vengo con sed agora;
no traigo vasos de oro,
que el barro humilde esmalta y sobredora;
que en barro a beber viene
quien es de barro y de quebrarse tiene.
 Vivan los altos reyes
de púrpura vestidos;
mortales son: no tengo que envidiallos:
hagan, deroguen leyes,
y tengan oprimidos

           reinos, provincias, mares y vasallos;
           sin armas, sin caballos,
           en estas soledades
           fui señor de mí mismo,
           del mar, del hondo abismo,
           pirámides, palacios y ciudades;
           que, aunque aforismo fuerte,
           no hay tal filosofar como en la muerte.

(Sale un correo.)

Correo   Con una carta de Antígono
           vengo con notable priesa
           a dar aviso a Alejandro
           de la libertad de Tebas.
           Sed me aprieta: ¡oh fuente clara!,
           de limpios cristales hecha,
           en ti me echaré de pechos.

Diógenes   ¿Es posible que éste beba
           sin vaso, y que traiga yo
           esta escudilla? ¿Hay simpleza
           como la mía? ¿Yo soy
           el filósofo de Grecia?
           ¡Vive Dios que he de quebrarla,
           y beber como éste en ella!

Correo   Ya he bebido y refrescado
           el cuerpo. ¿Eres hombre o piedra?
           ¿Cuánto habrá de aquí a Corinto?

Diógenes   Habrá media legua apenas.

Correo   Pues adiós.

53

(Vase el correo.)

Diógenes   Guárdete el cielo,
                 maestro, pues hoy me enseñas
                 a beber sin otra ayuda.
                 ¡Oh sabia naturaleza!
                 Cajas siento, y cerca están;
                 sin duda es gente de guerra;
                 dichoso el que vive en paz;
                 dadme asiento, humilde cueva.

(Suenan cajas; salga toda la gente y Alejandro detrás.)

Alejandro   Antes que me aleje más,
                 por honra de tanta ciencia,
                 quiero a Diógenes ver.

Efestión   Aquí está entre aquestas peñas.

Alejandro   Pues Diógenes amigo,
                 sabiendo que voy a Tebas,
                 no has venido a visitarme;
                 ¿aún no merezco respuesta?
                 ¿Quieres algo en mi partida
                 de lo poco que me queda?
                 Que hoy he dado a mis soldados
                 mi patrimonio y herencia.
                 Todos van enriquecidos
                 de oro, joyas, plata y piedras.
                 ¿Quieres algo?

Diógenes   Que te quites
                 de este Sol que me calienta;

	que no me lo puedes dar
	aunque Rey del mundo seas,
	porque es Dios quien me le envía.

Leónides   ¿Ésta es la gloria de Atenas?

Atalo   ¡Qué bárbaro!

Lisímaco   ¡Qué villano!

Alejandro   No murmuréis de sus letras,
            porque en despreciarlo todo
            su divina virtud muestra,
            y de no ser Alejandro,
            ser Diógenes quisiera;
            él se va; marchad, soldados;
            que larga jornada espera,
            que voy a ganar el mundo.

Aminta   Pues camarada, ¿qué llevas?

Vitelo   Bota y alforjas.

Aminta   Camina.

Vitelo   ¿Vióte Alejandro?

Aminta   Esta siesta,
            y vi en él un gran milagro:
            que el sudor de su cabeza
            era como mirra y ámbar.

Vitelo   ¡Esa es maravilla nueva!

Aminta	¿Haslo visto tú ni oído?
Vitelo	¿Luego no?
Aminta	¿De quién se cuenta?
Vitelo	De esta bota.
Aminta	Marcha.
Vitelo	Vamos.
Aminta	¡Cielos, el alma me lleva!

Fin de la primera jornada

Jornada segunda

(Salen Darío, Rey de los persas, Menón, Teleo y soldados.)

Darío   ¿Que se atreverá, Menón,
ese Alejandro a pasar
al Asia?

Menón   De la opinión
que ya empieza a ganar
podrás saber la razón.

Darío   ¡Por Júpiter, que estoy loco
si son ciertas esas nuevas!

Menón   Tan ciertas, que yacen muertos
noventa mil hombres ya,
que estaban de verle inciertos.

Darío   Y ¿dónde dicen que está?

Menón   Muy cerca de nuestros puertos;
que los esclavos vendió,
y a sus soldados les dio
todo aquel grande tesoro;
que a precio de plata y oro
sus voluntades compro;
los que de su poca edad
se burlaban, ya le nombran
incendio, rayo y deidad.

Darío   Son griegos los que se asombran
de esa vil temeridad.
   No somos así los persas;

son nuevas esas fortunas,
comienzan veces diversas
a ser prósperas algunas
para acabar en adversas.
  Como eres griego, Menón,
alabas al Macedón.

Menón   Griego soy, más su contrario
después que te sirvo, Darío,
con la lealtad que es razón.
  Y con ella no cumpliera
cuando aquí no te avisara
que dejes la guerra fiera
con Alejandro.

Darío   Repara.

Menón   Esto es verdad.

Darío   Considera
que soy Rey de Persia.

Menón   Advierte
que ese mancebo orgulloso
viene en hombros de la suerte.

Darío   Si es Alejandro dichoso,
yo soy, Menón, rico y fuerte;
  estorba luego su entrada
en Asia desde este puerto.

Menón   Ésta es mi vida y mi espada.

Darío   Parte con gente, encubierto,

| | animosa y bien armada,
| | y ese muchacho atrevido
| | envíamele azotado
| | luego que le hayas vencido.

Menón   No será poco cuidado
           si el paso a Alejandro impido;
             vaya Vuestra Majestad
           seguro de mi deseo.

Darío   Ea, soldados, marchad,
           que ya a vuestras plantas veo
           su loca temeridad.
             Decid a ese temerario
           mozuelo, atrevido, ciego,
           arrogante, loco y vario,
           para que se rinda luego,
           que sois la gente de Darío.

(Vase.)

Menón   ¡Qué fácil le ha parecido
            el rendir este mancebo!

Teleo   También tú, Menón, has sido,
            siendo su nombre tan nuevo
            y apenas del Asia oído,
            con el Rey muy porfiado.

Menón   ¿Quién te mete a ti, soldado
            de la guerra, en los consejos
            donde no hablan los viejos
            y viene el Rey engañado?

Teleo	La razón de ver que asombres, con Alejandro y sus viles soldados, tan fuertes hombres. ¿Qué Héctor, qué Eneas, qué Aquiles, para que a Darío le nombres? Es un muchacho liviano, cuyas grandezas fingidas ocupan al viento vano.
Menón	No digas más.
Teleo	No me impidas...
Menón	¿Cómo no?
Teleo	¡Detén la mano!
Menón	¡Detener! con esta daga detendré tu injusta mengua.
Teleo	¡Muerto soy!
Menón	No te doy paga para que diga la lengua lo que la espada no haga. Si eres a Darío fiel, sirve de otra suerte a Darío; que no llevas sueldo dél por decir mal del contrario, mas por pelear con él. Ea, soldados; si es justo obedecer, alto al puerto, contra el Macedón robusto buen ánimo, aunque os advierto

>   de que no voy con mi gusto;
>   Llámele Darío, mozuelo;
>   que, aunque llevamos ventaja
>   en gente, en armas y en celo,
>   yo pienso que al Asia baja
>   el mayor rayo del cielo.

(Vanse.)

(Dentro:)   ¿Tierra, tierra, soldados; ésta es Asia,
            tercera parte, y la mayor, del mundo!

Todos   ¡Tierra, tierra, desata esos barcones!
            ¡Acosta, llega!

(Véase Alejandro armado, en una proa de una nave, de pie, con una lanza en la mano.)

Alejandro   Nadie tome tierra,
            soldados, antes que desde esta nave
            Alejandro la hable y desafíe;
            ni salte en ella, pena de la vida,
            antes que yo, ninguno.

(Dentro:)   ¡Hola, soldados!
            Vaya pasando la palabra a todos:
            que nadie sea osado a tomar tierra
            primero que Alejandro.

Alejandro   Aquesta lanza,
            Asia enemiga, por señal que vengo
            a hacerte guerra, de esta suerte arrojo
            desde mi nave, porque en ningún tiempo
            digas que me acogiste y te doy guerra.

(Tira la lanza y quitase.)

(Dentro:)

Efestión Ya la tierra ha sentido de Alejandro,
antes que el pie, las armas; ya no puede
quejarse de que fue huésped ingrato.
¡Hola, acostá esas barcas, echad planchas,
guarnid esos montones, poned cuerdas;
guindemos lo primero los caballos!

(Dentro:)

Lisímaco ¿Hay resistencia?

(Dentro:)

Efestión No.

(Dentro:)

Lisímaco Pues si no hay guerra,
¡acosta, acosta; salta; tierra, tierra!

(Sale Alejandro solo.)

Alejandro Puesto que salgo del mar,
no te beso, madre amada,
que era traición si mi espada
hoy te viene a ensangrentar;
 no dirás que entro a engañarte,
pues desde el mar, madre tierra,
te notifiqué la guerra

  que Alejandro viene a darte.
   No dirás que te pisé
huésped, y que fui traidor,
pues que fue mi embajador
la lanza que te arrojé.
   Como me has visto saltar
en ti del mar el primero,
cree que seré el postrero
que vuelva después al mar.
   Ya sale toda mi gente;
Asia, tiembla; que ha salido
del mar el fuego, encendido
que ha de abrasar el Oriente.

(Salen todos los que puedan del ejército de Alejandro, Efestión, Leónides, Aminta, con su hábito de hombre, y Vitelo.)

Efestión	Danos a besar los pies.
Alejandro	Haberme los pies besado con que hoy el Asia he pisado, agüero de imperio es. Alzaos todos; pues, Aminta, ¿vienes buena?
Aminta	Y de tal suerte, que triunfando de la muerte hoy el corazón me pinta; no traes soldado aquí que tenga más corazón.
Alejandro	Efectos, Aminta, son de los brazos que te di. Quien a Alejandro se llega,

           participa su valor;
           que el valor es como olor,
           que adonde toca se pega.
              Pues, amigo Efestión,
           ya estamos en Asia, ya
           Alejandro en Asia está,
           ¿qué te dice el corazón?

Efestión   Que tu valor y ventura,
           del mundo te harán señor.

Alejandro   Mucho el celestial valor
           tan grande empresa asegura;
              la parte que tengo humana,
           es de Alcides; la divina,
           de Júpiter, que me inclina
           a empresa tan soberana.
              Todos sabéis que soy dios
           igual al que rige el suelo;
           que este imperio y el del cielo
           tenemos entre los dos.
              Del mundo seré señor;
           y si mi padre no fuera,
           no sé si el cielo estuviera
           seguro de mi valor.

(Salen Vitelo y Ariobarzano, persa.)

Vitelo   Aunque el más humilde y roto
           de los que en tu campo vienen,
           y en la guerra y la paz tienen
           para tus consejos voto,
              soy el primero que preso
           te traigo en Asia un persiano.

Alejandro	No te has alabado en vano: la obligación te confieso. ¿Dónde le hallaste?
Vitelo	Venía por esas peñas al mar, codicioso de mirar tu armada.
Alejandro	Extraña osadía.
Vitelo	Derribéle de un flechazo el caballo, y cayó en tierra, y después en buena guerra, cuerpo a cuerpo, brazo a brazo.
Alejandro	Hombre fuiste de valor, que el persa lo muestra en sí; yo me serviré de ti en ocasiones de honor: denle treinta mil ducados.
Vitelo	No tengo en qué los llevar, pero quiérotelos dar a cambio, señor, prestados, para que cuando volvamos a la patria me los des.
Alejandro	¿Qué quieres por su interés cuando a Macedonia vamos?
Vitelo	Solo que digas que fui quien dineros te prestó.

Alejandro	Sí haré, si dices que yo fui quien los mismos te di. Di, persa, ¿está lejos Darío?
Ariobarzano	Cerca, y más cerca Menón.
Alejandro	¿Quién?
Ariobarzano	Un griego de nación, capitán de tu contrario.
Alejandro	¿Espérame?
Ariobarzano	Junto a un río que por fuerza has de pasar.
Alejandro	Luego ¿querrá pelear?

Ariobarzano	Ya lo verás en su brío;
	    aunque a Darío, aconsejó
	que a Macedonia enviase
	su armada y te molestase,
	y el persa no lo creyó
	    forzado de la arrogancia
	de su gente.

Alejandro	¿Contra mí tienen arrogancia?
Ariobarzano	Sí, y esperanza de ganancia. Y agora que yo te veo tan mozo, estoy por pensar

                    que te debe de engañar,
                    más que el valor, el deseo.
                        Para decir a una dama
                    requiebros, estás galán,
                    mas no para capitán
                    que emprende tan alta fama.
                        ¿Es posible que en tus años
                    han cabido pensamientos
                    de tantos atrevimientos?
                    ¡Ay de tus locos engaños!
                        ¿Quieres oír de qué suerte
                    camina Darío?

Alejandro   ¡Pues no!

Ariobarzano   Escucha.

Alejandro   Haz cuenta que yo
                    soy este mármol.

Ariobarzano   Advierte.
                    El fuego sacro, inmortal,
                    viene delante en braseros,
                    rodeado de los magos,
                    que vienen cantando versos.
                    Tras él, de color vestidos,
                    vienen trescientos mancebos,
                    y sesenta y cinco más,
                    porque significan éstos
                    los días que tiene el año.
                    Un carro triunfal tras ellos,
                    a Júpiter consagrado,
                    y un caballo, cuyo freno,
                    dedicado al Sol, se precia

| | en igual valor que un reino.
| | A éste siguen doce carros
| | de plata y oro cubiertos,
| | regidos con varas de oro
| | de sus aurigas soberbios.
| | Luego la caballería
| | de doce naciones, puestos
| | en orden con varias armas,
| | plumas y trajes diversos.
| | A éstos siguiendo vienen
| | diez mil de a caballo luego,
| | que llaman los inmortales.

Alejandro   Pues ¿porqué?

Ariobarzano   Porque, en muriendo
uno de ellos peleando,
se arroja el otro tan presto,
que no hace falta su vida,
y así están siempre viviendo;
todos ellos llevan ropas
de brocado, y todos éstos
guarniciones de oro y perlas,
y collares de oro al cuello.
Luego vienen los parientes
de Darío, persas y medos,
que son hasta quince mil.

Alejandro   ¿Quince mil?

Ariobarzano   Sí.

Alejandro   ¡Santo cielo!

Ariobarzano   Decirte de éstos el traje
es imposible, mas puedo
asegurarte que al Sol
le pueden servir de espejo;
piedras y telas que visten
le desafían ardiendo;
las piedras vencen sus rayos,
las telas a sus cabellos.
Luego vienen los que traen
todos los vestidos regios,
en maletas de brocado
cordones de aljófar llenos.
Tras éstos camina Darío
en un carro, donde creo
que, sin poderse vencer,
arte y poder compitieron.
Sobre diez caballos blancos
un yugo de piedras hecho,
donde hay diamantes tan grandes
que es locura encarecellos;
sobre él dos estatuas de oro,
la Guerra y la Paz, y en medio,
con una imperial corona,
el águila de su imperio.
Doscientos hombres le cercan
de sus más cercanos deudos,
cuyos sayos persas cubren
soles de perlas a trechos.
Con éstos viene la guarda
de catorce mil piqueros
con las picas plateadas
y de oro puro los hierros.
Luego treinta mil soldados
cierran todo el rico ejército,

| | formando un jardín las plumas
sobre las alas del viento.
Luego, quinientos caballos
conducidos de los frenos,
con otros tantos criados
vestidos de blanco y negro.
En medio, de otro escuadrón
viene un carro y tronco excelso
con Sisigamba, la madre
de Darío, en un rico asiento.
En otro sus bellas hijas
y su mujer, y en doscientos
caballos mansos sus damas,
hermosas por todo extremo.
Luego los hijos de Darío,
sus amas y amos con ellos,
y los eunucos, vestidos
de carmesí terciopelo,
guardan trescientas mujeres
amigas del Rey. |
|---|---|
| Alejandro | Trofeos
de capitán valeroso. |
| Ariobarzano | Luego, en seiscientos camellos
y mil acémilas, viene
el tesoro, en cuyo cerco
vienen treinta compañías
de caballos y de arqueros.
Tras esto vienen las damas
y mujeres de los deudos
del Rey, y luego el bagaje,
criados y vivanderos,
con la retaguardia, a quien |

	treinta capitanes medos
gobiernan con sus banderas,
no menos ricos y diestros.
De esta suerte marcha Darío;
mira, ambicioso mancebo,
contra quién pasas al Asia,
desnudo, pobre y soberbio.
Alejandro	Soldados, no diréis que os engañaba;
haced fiestas, soldados; la riqueza
que os prometí cuando en la mar entraba
os trae Darío, y con mayor grandeza.
Mirad qué de oro y plata os esperaba,
guardado del temor y la belleza
de un campo de mujeres, y que todas
no van a guerra, no, que van a bodas.
¡Oh, buen persiano, vete libremente!
Mas ¿qué te podré dar de albricias? Dudo.
Dadle el laurel más rico de mi frente,
aunque dice que estoy pobre y desnudo
en ella, y dos diamantes que el Oriente
no vio valor igual, ni el Sol les pudo
dar mayor luz, no, haciéndolos del fuego
con que a los que le miran deja ciego;
dadle el mejor caballo y diez soldados
que le acompañen.
Ariobarzano	¡Si quién soy supieras!
Alejandro	Aguarda, ¡por los dioses consagrados!
Ariobarzano	No por tus soldados,
que enriquecer de nuestra plata esperas,
dejaré de decirlo, pues me obliga

        tu generoso pecho a que lo diga;
mas si lo diga, cierto estoy que luego
seré preso de ti.

Alejandro   Dilo, persiano;
que yo soy Alejandro: habla te ruego.

Ariobarzano   Yo soy, Rey macedón, Ariobarzano;
hijo de Darío soy, que vine ciego,
por afición, a tu gallarda mano:
los deseos de verte me han traído
donde de este soldado fui vencido.
    Mi padre, con la gente y la riqueza
que te digo, te espera, aunque primero
Menón, griego de insigne fortaleza.

Alejandro   Dame esos brazos, abrazarte quiero:
¡vive el cielo, que envidio la grandeza
con que has fiado, ilustre caballero,
tu nombre, tu valor, a un enemigo
que desde agora llamarás tu amigo!
    Si te di libertad sin conocerte,
mejor agora, y este anillo mío.

Ariobarzano   Recíbolo, por prendas de quererte;
y ¡por el claro, Sol, que al padre mío
tengo de dar con estos brazos muerte
para darte de Persia el señorío!

(Vase.)

Alejandro   Espera, Ariobarzano.

Efestión   Ya se parte.

Alejandro   Bárbaro, en fin; alegre estoy, ¡por Marte!
                   Ea, soldados, que Menón espera;
                   venzamos éste, y demos sobre Darío.

Leónides   ¡Por Júpiter, que es mozo temerario!
                   Antes que saques la temida espada,
                   visita el templo de la gran Minerva.

Alejandro   ¿Es éste?

Efestión   ¿No le ves?

Alejandro   Abrid las puertas.

Leónides   Ya están, señor, a tu grandeza abiertas.

(Sobre un altar se ve a una mujer en forma de la diosa, con un arnés y un morrión, su lanza en la mano, y en la otra un escudo.)

Alejandro   Minerva, querida hermana,
                   mi viaje empieza aquí;
                   la divina que hay en ti,
                   ayude mi parte humana.
                      Hijo de Júpiter soy;
                   alarga ese fuerte escudo
                   con quien tanto el griego pudo;
                   que la palabra te doy
                      de no te le hacer cobarde.

Aminta   No tomes nada a la diosa;
                   por menos la belicosa
                   Grecia tomó a Troya tarde.
                      ¿No te acuerdas de la cierva?

Alejandro	No se le quiero tomar,
que los dioses saben dar;
dámele, hermosa Minerva.

(Alargue la diosa el escudo, y désele.)

Alejandro	Soldados, notable agüero
de nuestra felicidad:
dióme el escudo; marchad,
mía es el Asia. ¿Qué espero?
Ven, Aminta, y no te asombres.

Aminta	Minerva a tu lado viene.

Efestión	Hasta con los dioses tiene
ventura.

Lisímaco	Es rey de los hombres.

(Vanse, y sale Rojane, amazona, vestido corto, muchas plumas, daga y espada, y otras dos con ella al mismo traje, Tamira y Lisandra.)

Rojane	¿Con esta carta te envía?

Tamira	Ésta, señora, me ha dado.

Rojane	No debe de haber hallado
lo que por ti le pedía.

Lisandra	Lee la carta, y sabrás,
Rojane, la causa.

Rojane	Creo

                    que lo fue ser mi deseo
                    menos cierto cuando es más.
                    ¿Al campo, llegaste?

Tamira   Fui
                    de Arsaces bien recibida.

Rojane   Y ¿suénase la venida
                    del gran Alejandro?

Tamira   Sí;
                    ya está en Asia, y tomó tierra
                    junto a Propontis y Troya.

Rojane   Toma, ¡oh, Tamira!, esta joya.

Tamira   ¿Albricias temiendo guerra?

Rojane   ¡Ay, amigas, tiempo es ya
                    que sepáis mi atrevimiento!
                    Ningún mortal pensamiento
                    seguro de amor está.
                       La fama de este mancebo
                    por mis oídos entró
                    al alma, donde estampó
                    este Aquiles, este Febo.
                       Yo, de sus hechos vencida,
                    quise las señas saber
                    de su persona, y poner
                    adonde el alma la vida,
                       si conformaba su talle
                    con su nombre generoso,
                    para que este mi amoroso
                    deseo fuese a buscalle,

75

| | y tuviese un hijo de él,
como es costumbre amazona. |
|---|---|
| Tamira | Y señas de su persona
no pueden, Reina, caber
   en el pliego que te he dado. |
| Rojane | Retrato le pedí yo. |

(Abre la carta.)

Lisandra	Lee.
Rojane	¡Ay, Dios!
Lisandra	¿Qué te envió?
Rojane	Un Alejandro cifrado
dentro este naipe venía.
Lisandra	Muestra a ver.
Tamira	¡Qué mozo es!
Lisandra	Aún no tienen veintitrés
años tanta valentía.
Tamira	Veinte dice en letras griegas.
Lisandra	¡Bello rostro, hermoso mozo!
Rojane	Es en los hombres el bozo,
si a considerarlos llegas,
como en el árbol la flor:

	la barba, el fruto; las canas, las ramas secas, cercanas del frío invierno al rigor. Árbol florido es agora Alejandro.
Tamira	Si has de ser de un hombre mortal mujer, ¿qué es lo que aguardas, señora? Si has de tener hijos ya, ¿de quién serán más valientes, ni más hermosos?
Lisandra	Que intentes buscarle en razón está.
Rojane	De manera me ocupé, Lisandra, en mirarle aquí, que la carta no leí, ni letra apenas miré. Dadme licencia, retrato de un hombre que es Sol, que es Dios, para que pueda sin vos estar este breve rato. ¿Qué decís? Dice que sí; parece que hablando está.
Tamira	Vivo te parecerá.
Rojane	Vivo está, pues vive en mí.
(Lee así:)	«Tantos retratos había de Alejandro en toda Grecia, por lo que ya el mundo precia

  su grandeza y valentía,
   que muchos malos pintores
  le retrataban, por ver
  que ganaban de comer
  con el nombre y los colores.
   Y así, Alejandro mandó
  dar licencia solo a Apeles,
  de cuyos raros pinceles
  este retrato salió.
   Para sacarle de Darío,
  que le quiso conocer,
  tú puedes echar de ver
  lo que ha sido necesario.
   Haz cuenta que viendo estás
  su rostro, porque es pincel,
  que dice el arte que en él
  no puede alcanzarse más.
   Porque en sus colores mengua,
  y todos le dan la palma,
  es ése el rostro; que el alma
  se ha de pintar con la lengua.
   De la cual solo diré,
  ya que en lo imposible toco,
  que el mundo parece poco
  para estampa de su pie.»
   ¿Qué os parece?

Lisandra   Que la fama
  no ha sido en esto parlera.

Rojane   ¡Oh, espejo en quien reverbera
  del Sol del alma la llama!
   ¡Oh, imagen de aquel valor
  de quien ya tiembla la tierra,

	nuevo dios Marte en la guerra,
	nuevo Cupido en amor!
	¡Oh, mancebo generoso,
	a quien ya la envidia tira
	rayos de venganza e ira,
	guárdete el cielo piadoso!
	Que primero que te acabe
	tu misma virtud, diré
	dónde te retrataré
	sin ser yo pintor tan grave.
	Haya sucesión de ti
	en retratos verdaderos,
	y sean de los primeros
	los que has de tener en mí.
	Vamos, Lisandra, Tamira,
	vamos a ver el mancebo
	más bello que ha visto Febo
	en cuantas naciones mira.
Tamira	¿Determínaste a que sea
	Alejandro el que te goce?
Rojane	Pues ¿cuál hombre se conoce
	que tantas glorias posea?
	Si nuestro reino amazón
	ha de ir, Tamira, en aumento,
	no hemos de pedir al viento
	la humana generación.
	Esposo ha de haber; pues ¿quién
	cómo Alejandro será,
	que rindiendo el mundo está?
Lisandra	Con razón le quieres bien;
	y pues hijos es forzoso

                    que procures, de ninguno
                    como de Alejandro.

Rojane   A Juno
                    pudiera servir de esposo.
                       Vamos, que en mil causas fundo
                    mi amor.

Tamira   No hay más que decir.

Rojane   ¿Por qué no me ha de rendir
                    hombre que sujeta el mundo?

(Váyanse, y éntre Alejandro con toda su gente después de haber tocado una caja.)

Alejandro   ¿Aquí me decís que está
                    el gran sepulcro de Aquiles?

Efestión   Porque su fama aniquiles,
                    mira sus cenizas ya.

Alejandro   ¡Ojalá de ellas pudiera
                    ser fénix!

Efestión   ¡Bravo blasón
                    del griego!

Alejandro   En mi condición
                    será la humildad primera.
                    ¿Es éste el sepulcro?

Efestión   Él es.

(Véase un sepulcro.)

Alejandro ¡Oh, mancebo, generoso!
no envidio el ver que famoso
pusiste a Troya a tus pies;
no envidio que a Héctor dieses
la muerte, ni tus hazañas,
ni que en naciones extrañas
gloriosa tu espada hicieses.
Envidio que hayas tenido
aquel divino poeta
Homero, a quien no sujeta
tiempo, envidia, muerte, olvido,
por coronista famoso,
pues con su verso divino
a hacer inmortales vino
tu fama y nombre dichoso.

Efestión ¿Lloras?

Alejandro ¿No he de llorar?
Por más que Aquiles hiciera,
si Homero no lo escribiera,
ya se empezará a olvidar.
Y de aquí a un siglo presumo
que no hubiera de él memoria,
porque tanta fama y gloria
debe su espada a su pluma.
Dadme esas flores, que quiero
cubrir el sepulcro adonde
el tiempo veloz esconde
tan gallardo caballero.
Coronad con esos ramos,
soldado, al grande Aquiles;

| | que no son envidias viles
éstas con que aquí lloramos.
　Sino de grandeza llenas,
con que la virtud nos llama,
si hay pluma que nos dé fama;
que en un siglo hay una apenas. |
|---|---|
| Vitelo | 　No digas eso, señor;
que por muchas que hay en Grecia,
en tu campo hay quien se precia
de coronista mayor:
　y no éste solo, que hay mil. |
| Alejandro | Vitelo, escribir a todos
se concede de mil modos;
pero es un cansancio, vil
　cuando no es con perfección:
el poeta ha de nacer. |
| Vitelo | ¿En qué se han de conocer
los que verdaderos son? |
| Alejandro | 　En el arte y natural
que hacen las obras perfetas,
y que todos los poetas
de aquél solo digan mal;
　porque es más claro que Apolo
que no le iguala ninguno,
cuando todos se hacen uno
para perseguir a un solo. |
| Vitelo | 　Si quieres ver al poeta
que tus hazañas escribe,
yo le traeré. |

Alejandro	¡Marte vive, que me huelgue!
Vitelo	Solo aceta, señor, su buena intención.

(Vase por él.)

Alejandro	Cuando yo se lo mandara, con la intención me pagara.

(Salen Vitelo y el poeta con un libro.)

Vitelo	Aquí viene Demofón.
Demofón	Dame tus pies.
Alejandro	¿Eres, di, el que escribe mis victorias?
Demofón	Yo intento cantar tus glorias.
Alejandro	Lee a ver.
Demofón	Comienzo así:
(Lea.)	«Canto del hijo divino de Júpiter y de Marte las armas.»
Alejandro	Ya en esa parte has dicho un gran desatino.

Demofón   ¿Cómo?

Alejandro   Dos padres me das.

Demofón   Hablo yo de los planetas
a quien nacieron sujetas
tus inclinaciones; mas
   Júpiter te dio el reinar;
y Marte te dio el vencer.

Alejandro   Éste debe de saber...

Demofón   Solo procuro imitar.

Alejandro   ¿Estudiaste?

Demofón   Sí, señor.

Alejandro   ¿Dónde?

Demofón   En Atenas oí
a Janto.

Alejandro   A escribir de mí,
¿qué te movió?

Demofón   Tu valor.

Alejandro   Prosigue, y venme a leer
lo que escribes cada día;
que aún sospecho que podría
valerte mi parecer. ¿Peleas?

Demofón   Cuando no escribo,

	y escribo si no peleo.
Alejandro	Tengo de honrarte deseo, y lo pienso hacer si vivo. Hazle dar para papel veinte mil ducados luego.
Demofón	Indigno a tus plantas llego.
Alejandro	Vete, Efestión, con él. ¿Así vuelve?
Demofón	¿Qué me quieres?
Alejandro	La tinta se me olvidó; denle otros diez mil.
Demofón	Si yo tengo de escribir quién eres, muy poco papel me has dado, y poca tinta, señor.
Vitelo	Olvidaste lo mejor.
Alejandro	¡Cómo!
Vitelo	Pluma.
Alejandro	Haste engañado; yo, para cualquiera suma, puedo darle lo que él llama tinta y papel; mas la fama es quien le ha de dar la pluma.

Aminta   ¡Divino ingenio!

Alejandro   Esperad;
cajas son éstas.

Leónides   Señor,
apercibe tu valor,
pide a Júpiter deidad:
¿ves este río?

Alejandro   Muy bien.

Leónides   Pues el paso, que es forzoso,
te defiende el valeroso
Menón.

Alejandro   La gente prevén,
que le habemos de pasar.

Leónides   ¿El río? ¿Cómo, señor?

Alejandro   Imitando mi valor,
porque yo os quiero guiar.

Aminta   Tente, Alejandro, y advierte
que es un hecho temerario.

Alejandro   No quiero que piense Darío
que acá se teme la muerte.

Aminta   Él dice que viene luego
para ayudar a Menón.

Alejandro   Entrad, que estas aguas son

	pequeñas para mi fuego.

Aminta   ¿No veis que da al mar tributo
por aquí?

Alejandro   No hay que temer;
yo me las sabré beber,
y pasaréis a pie enjuto.

(Saque la espada, y síganle, y éntrense, y después de haber fingido un poco de guerra, salen Darío y Ariobarzano, su hijo.)

Darío   ¿Dónde quieres hablarme?

Ariobarzano   Es de importancia
que te retires, gran señor, conmigo.

Darío   Del campo no ha de ser larga distancia,
que está cerca el ejército enemigo.

Ariobarzano   ¡Cielos! Aunque es cruel exorbitancia,
y que obliga a temer vuestro castigo,
matar un hijo a un padre yo no creo
que nace de mí mismo mi deseo;
   secreta fuerza vuestra he sospechado
que me ha forzado a que le dé la muerte;
salid, daga, y pasad.

Darío   Qué, ¿estás turbado?

Ariobarzano   Túrbame, padre, una ocasión tan fuerte;
miro tan cerca al enemigo airado,
con ánimo y con fuerza de ofenderte...
Agora es tiempo.

Darío   Déjale blasone,
para que de sus triunfos me corone.

Ariobarzano   ¿Qué aguardo? ¿Qué me turbo?

Darío   Ya sospecho,
que le tendrá mi capitán vencido;
del río el paso es por extremo estrecho;
ya de su sangre correrá teñido.

(Sale Arsaces, capitán.)

Arsaces   Al gran valor de tu invencible pecho,
de ese Alejandro, macedón temido,
un capitán, que quiere hablarte, pide
licencia.

Darío   Llegue luego; ¿quién le impide?
¿qué me querrá Alejandro, Ariobarzano?

Ariobarzano   Estará de pasar arrepentido
al Asia viendo tu invencible mano,
y por volverse pedirá partido.

(Entra Lisímaco.)

Lisímaco   Este papel es de Alejandro Magno.

Darío   ¿No dices más?

Lisímaco   No vengo apercibido
de otra oración.

Darío	¿Tú sabes que soy Darío?
Lisímaco	Y ¿tú sabes qué soy de tu contrario?
Darío	Si son los capitanes macedones
de esta manera fieros y arrogantes,
¿qué será vuestro rey?
Lisímaco	No son razones
en tiempo de las armas, importantes.
Darío	¿No pide aquí partido?
Lisímaco	Las naciones
del Asia espero que, a sus pies triunfantes,
le pedirán antes que pase el año.
Darío	Quiero leer.
Lisímaco	Verás el desengaño.
(Lee Darío:)	«Para que veas que quiero
vencerte con mi valor,
y no porque algún traidor
bañe en tu sangre su acero,
guárdate de Ariobarzano,
que te quiere dar la muerte,
quitándole de vencerte
la gloria Alejandro Magno.»
Darío	¡Válgame Júpiter santo!
No estimo tanto el saber
que hombre a quien he dado el ser
se atreva conmigo a tanto,

    como el ver que mi enemigo
diga que me guarda así,
solo por vencerme a mí,
y él solo honrarse conmigo.
    Ya le comienzo a temer;
sin duda es cierta su fama.
¡Arsaces!

Arsaces   ¡Gran señor!

Darío   Llama
a quien me dé de beber.

Arsaces   Ya voy.

Darío   Dile, embajador,
a Alejandro, que agradezco
su intención, y que me ofrezco,
al premio de este favor,
    en que, cuando esté a mis pies,
le pienso dar libertad;
y a ti, por esta amistad,
pues en efecto lo es,
    te quiero, ofrecer un don
como a enemigo.

Lisímaco   No tengo
licencia; a esto solo vengo.

Darío   Sé más cortés, macedón;
    darte mi espada quería
de un hijo. ¿Es igual favor,
Ariobarzano?

Ariobarzano   ¡Señor!...

Darío   La tuya es la propia mía.
            Dásela.

Ariobarzano   De buena gana.

Lisímaco   Por ser arma, la recibo;
que a volverla me apercibo
a vuestros pechos mañana.

(Toma la espada, y vase.)

Darío   ¡Qué arrogante!

Ariobarzano   Con los fieros
nos quieren hacer temer:
cuando los he menester,
me quita el Rey los aceros.

Darío   ¡Ay, cielos!

Ariobarzano   Señor, ¿qué tienes?

Darío   Un gran dolor que me ha dado
en los pies.

Ariobarzano   Andas cansado,
vas al ejército y vienes.

Darío   Ponme sobre ellos las manos.
Llega.

Ariobarzano   ¿Descansas ansí?

(Póngase de rodillas a asirle los pies, y él le da con la daga.)

Darío ¡Hoy me libraré de ti,
por los cielos soberanos!

Ariobarzano ¡Ay, padre! ¿Por qué me has muerto?

Darío La daga quiero esconder.
¡Gente! ¡Ah, gente! ¿Puede ser
tan notable desconcierto?

(Salen Arsaces y gente.)

Arsaces Señor, ¿qué es esto?

Darío ¡Ay de mí!
Que el embajador villano,
porque dijo Ariobarzano
que hablase compuesto aquí,
   le sacó su misma espada,
y pasándole se huyó
con ella.

Arsaces ¡Que le vi yo,
y no reparase en nada!
Seguirle quiero.

Darío Camina:
llevad mi hijo de aquí.
(Llévenle.) Instrumento he sido así
de la justicia divina.

(Sale Menón.)

Menón   Tras este suceso triste,
            ¡oh famoso Rey del Asia!,
            hecho el ánimo tendrás
            para menores desgracias.
            Bien te aconsejé que fuera
            a Macedonia una armada,
            que divirtiera a Alejandro
            la temeraria arrogancia.
            ¿Qué sirvió guardar el río?
            Que con la desnuda espada
            pasó delante de todos,
            haciendo senda en las aguas.
            No va con el viento en popa,
            todas las velas echadas,
            la nave con más furor
            rompiendo las ondas canas,
            que el temerario mancebo,
            a cuya furia se apartan,
            dando lugar a su gente
            que acometa mis escuadras.
            Mató Alejandro a Dirceo,
            a Dulindo y a Pirasta,
            fuertes capitanes tuyos,
            con que los demás desmayan.
            A ejemplo del macedón,
            entran, rompen, desbaratan;
            catorce mil quedan muertos,
            treinta capitanes faltan.
            Con mil despojos y escudos
            a Grecia envió su armada
            con nuevas de la victoria;
            daránla de nuestra infamia.
            Otros dicen que no ha sido

	esta arrogancia la causa,
	sino porque los soldados
	y nobles que le acompañan,
	vean que, pues ya no hay naves,
	no les queda confianza
	de que han de volver a Europa
	menos que ganando el Asia.

Darío   No digas más; que bien veo
que mi fortuna contraria
trajo este rayo del cielo.

Menón   Ya ganó a Lidia y a Caria,
donde estaba el mausoleo
de Artemisia, celebrada
por maravilla del mundo;
ya el reino de Frigia pasa
sin que ciudad se lo estorbe.

Darío   Yo muero de envidia y rabia;
mas ¿cómo, siendo quien soy,
tan vil cosa me desmaya?
¿Cómo perder diez mil hombres?
Mañana mi gente salga
para estorbarle que pase
de Cilicia y Caramania.
¡Ánimo, Menón!

Menón   Señor,
los que juegan, cuando ganan
al principio, después pierden.

Darío   ¡Toca al arma!

Menón   ¡Toca al arma!

(Vanse, y sale Alejandro y su gente.)

Alejandro   Ésta es la ciudad de Midas:
         ¿dónde está el yugo encantado?

Efestión   Aquí está aquel lazo atado
         con las coyundas torcidas.

Leónides   Quien desatare aquel nudo
         del hado, es precisa ley
         que sea del Asia rey;
         pero hasta aquí nadie pudo.

Alejandro   ¿Sabe alguno cómo fue?

Vitelo   Yo, que he sido labrador,
         supe la historia, señor.

Alejandro   Pues dila.

Vitelo   Yo la diré:
        Gordio, un labrador, un día
         iba en su carro de bueyes,
         cuando el ave de los reyes,
         símbolo de monarquía,
          que es el águila real,
         sobre el yugo se sentó.
         Él la causa preguntó
         a una serrana su igual,
          y le dijo que sería
         rey, por cuya majestad
         entonces en la ciudad

        la nobleza competía.
    El oráculo de Apolo
les dijo que al que topasen
en un carro, coronasen
por rey, en el campo y solo.
    Salieron, y haciendo rey
al que humilde el campo aró,
a Júpiter consagró
las coyundas de aquel buey:
    pero atadas de manera
que el reino después gozase
quien el lazo desatase;
pero es imposible.

Alejandro   Espera,
¿dónde está el yugo?

Aminta   Aquí está,
del templo en la puerta asido.

Alejandro   Quiero probar.

Aminta   No han podido
mil que lo han probado ya.

(Véase el yugo con los lazos colgados, dados sus nudos como se pintan en las armas del rey don Fernando; pero las cuerdas han de estar plateadas.)

Alejandro   ¡Válgame Júpiter santo,
qué intrincado y qué confuso!

Aminta   No dudes de que se puso
para confusión y espanto.

Alejandro	Pues ¿cómo a Alejandro ¡oh nudo! te resistes?
Aminta	No podrás.
Alejandro	¿Tú te defiendes no más de quien el Asia no pudo? Pues no te pienses quedar con esos lazos atados; que tanto monta, soldados, cortar como desatar.

(Saque la espada y córtele, y cantan dentro.)

     Rey serás gran Alejandro,
     del Asia por esta hazaña,
     que más hace en lo imposible
     quien corta que quien desata.
     Este yugo y sus coyundas
     tendrán los reyes de España
     por empresa de tus hechos,
     y por letra tus palabras.

Efestión	Los reyes de España dicen que el yugo tendrán por armas, y por letra el «Tanto Monta».
Alejandro	Mi valor al cielo agrada. Oíd: ¿qué gente es aquésta?
Leónides	Tres amazonas bizarras que te vienen a buscar.

(Salen Rojane, Lisandra y Tamira.)

Rojane	Dame esos pies, rey del Asia.
Alejandro	¡Oh, generosa amazona!
Rojane	De tus grandezas la fama, Alejandro valeroso, me trae rendida a tus plantas: yo soy la reina Rojane; Decirle mi nombre basta para que sepas quién soy.
Alejandro	Hoy por la mano me ganan tus deseos, Reina bella; que en extremo deseaba verte y servirte.
Rojane	Yo soy, divino Aquiles, tu esclava; tus hechos y tus virtudes hasta las aves los cantan por los campos del Oriente, donde como rayo pasas; esto me obligó a buscarte, pero agora a darte el alma el resplandor, la hermosura de tu persona gallarda; honra con tu sucesión las mujeres de mi patria, ¡así te guarden los cielos!
Alejandro	Si para tuyo me guardan, no menos contento estoy de tu belleza.

Vitelo	¡Oh, qué gracia! ¡viven los cielos, Aminta, que vienen estas guitarras a que les pongan bordones! hijos quieren las borrachas.
Aminta	Muriéndome estoy de celos.
Vitelo	¿Qué importa aquésta, entre tantas como Alejandro persiguen?
Aminta	Bien dices, como se vayan luego que los hijos tengan.
Vitelo	A las dos que la acompañan lleguemos a hablar los dos.
Aminta	¡Ah, mi señora!
Tamira	¿Quién llama?
Aminta	Un soldado que ha sabido que en su tierra no se casan, sino que buscan varones cuando les viene la brama; si le agrada, suyo soy.
Vitelo	Si yo merezco agradarla, no soy malo para padre.
Lisandra	¿Eres noble?
Vitelo	¿Es de importancia?

Lisandra   ¿No lo echas de ver?

Vitelo   Yo soy
hombre que en esta campaña
presté treinta mil ducados
a Alejandro.

Lisandra   Menos basta
como él lo diga.

Vitelo   Sí hará:
señor, ¿no es cosa muy llana
que te presté treinta mil
escudos, y que me pagas
réditos de ellos?

Alejandro   Sí es.

Vitelo   Toca.

Lisandra   Ya es tuya Lisandra.

Aminta   Yo te daré información
de quién soy.

Tamira   Como tú hagas
que yo conozca quién eres,
ya tu persona me agrada.

Aminta   ¡Pese a tal! Soy una perla,
aunque ésta fue la desgracia,
que, como perla nací,
me pueden poner en sartas:

	paje de Alejandro soy.
Tamira	¿Del escudo?
Aminta	Y de la lanza.
Tamira	Pues Tamira es tu mujer.
Aminta	El eco te desengaña.
Alejandro	Vamos, Rojane querida: verás mis fuertes escuadras, verás con quién gano el mundo.
Rojane	Veré, Alejandro, las armas; que bien he visto, con verte, con lo que las almas ganas, porque ganaras mil mundos si fueran mundos las almas.

(Vanse los dos de las manos.)

| Vitelo | Toque, y véngase conmigo,
verá mi rancho en seis ramas;
mas para yegua de vientre
cualquiera establo le basta. |

(Vanse los dos.)

Aminta	Y ella se venga conmigo.
Tamira	Ya estoy de ti enamorada.
Aminta	Pues sepa que si es traviesa...

Tamira   Diga

Aminta   Que en las dos hay pata.

                Fin de la segunda jornada

Jornada tercera

(Salen Leónides y Efestión.)

Leónides
>Tanta felicidad, tantas victorias,
vinieron a tener tan tristes fines
en la mitad del curso de sus glorias.

Efestión
>Cuando ya de la tierra los confines
temblaban de Alejandro las hazañas,
y hasta en la mar las locas y delfines,
>>tras mil naciones bárbaras y extrañas,
vencidas tras de haber pasado el Tauro,
admirando sus ásperas montañas;
>>cuando le prometía el verde lauro
del Asia el grande imperio, y pretendía
llegar al Ganges desde el blanco Anauro,
>>llega Alejandro de su muerte el día.

Leónides
>No lo quieran los dioses que en tres años
le ofrecieron tal alta monarquía.

(Sale Lisímaco.)

Lisímaco
>Capitanes, ¿qué llantos tan extraños
son éstos del ejército? ¿Qué es esto?

Efestión
>Éstos son los mortales desengaños:
>>mientras fuerte, Lisímaco, del resto
del bagaje te encargas, descendimos
del Tauro a Tarso, en sus extremos puestos,
>>por quien las cristalinas aguas vimos
del Cidno, un río que en sus faldas gira,
y en cuya amenidad nos detuvimos.

  El agua apenas Alejandro mira,
cuando, todo sudado y polvoroso,
desciñe el hierro con que el mundo admira,
  desnuda el blanco arnés, y el luminoso
yelmo, de varias plumas coronado,
sirve de flores en el prado hermoso;
  el blanco cuerpo, de sudor bañado,
arroja al agua, suenan las riberas,
y rompe con la frente el vidrio helado;
  las aguas con mil círculos y esferas,
reciben al señor del Asia en brazos;
que son hasta las aguas lisonjeras.
  Lascivo las regala con abrazos,
y dejando envidiosas las arenas,
labra el cristal de diferentes lazos;
  pero sus ondas Alejandro apenas
deja, y sale a la margen, cuando helado,
muestra el rigor del agua por las venas,
  pierde la voz, y en el ameno prado
deja caer el cuerpo; finalmente,
ya queda de su ejército llorado.

(Sale Aminta.)

Lisímaco   ¡Ay, fiero mal!

Aminta   ¡Oh, médico excelente,
digno de ser, si con la cura sales,
tenido por Apolo en todo oriente!

Efestión   Aminta, ¿qué hay?

Aminta   Los dioses celestiales
al médico Filipo han inspirado

          una bebida para casos tales,
            con que se obliga que al primer estado
          volverá la salud de nuestro dueño,
          porque a tomarla está determinado.

Leónides   ¿Salió de aquel desmayo?

Aminta   Y de aquel sueño
          mortal que tuvo prometiendo vida.

Leónides   Ya viene.

Efestión   ¡Lo que rinde un mal pequeño!

(Sale Alejandro con los brazos sobre los hombros de los soldados.)

Vitelo   Filipo fue, señor, por la bebida;
          alégrate, que ya la confecciona.

Aminta   ¿No veis al Sol con la color perdida?

Alejandro   Dadme una silla.

Lisímaco   Tu Real persona
          guarde el cielo.

Alejandro   ¡Oh, Lisímaco, levanta!

(Siéntase.)

Lisímaco   Parmenión, que tu imperial corona
            extiende a Capadocia, al indio espanta,
          esta carta me envía.

Alejandro   ¡Qué alegría
me has dado con su letra en pena tanta!

Lisímaco   Estimo en esto la ventura mía.

(Lee para sí Alejandro.)

Vitelo   Pues, Aminta, ¿cómo fue
con la amazona engañada?

Aminta   Triste, confusa, turbada
y corrida la dejé,
  pues por más que me regale
y me esfuerce, fui a su pena
como puñado de arena
que por los dedos se sale;
  como tesoro de duende
que se le volvió carbón,
o como los sueños son
del bien al que le pretende.
  Lloró, comenzó a poner
mil culpas a haber venido,
porque pensó hallar marido,
y, en efecto, halló mujer.
  Mas como mujer no pudo
ser para más que su ser,
dejóme para mujer
y acogióse.

Vitelo   No lo dudo;
mas ¿no me dirás quién fue
el que el agravio deshizo?

Aminta   Leónides.

Vitelo	Elección hizo
de buen gusto.
Aminta	En él se ve.
¿Cómo te fue con la tuya?
Vitelo	Que hoy o mañana se irá.
Aminta	Pues ¿por qué?
Vitelo	Preñada está,
y es ésta costumbre suya;
que como animales son
aunque están enamoradas,
porque, en estando preñadas,
no admiten conversación.
Alejandro	¡Válgame Júpiter santo!
Cuando para darme vida
quiero tomar la bebida
de un hombre que estimo en tanto,
me escribe Parmenión
que con Darío ha concertado
matarme; mas ha llegado
la carta a buena ocasión.
Aquí dice que le ofrece
una hija por mujer:
¿traidor, veneno a beber
a quien te honra y engrandece?
No la tomaré ¡por Dios!
Mas ¿por qué tengo recelo,
Filipo, de tu buen celo
y del amor de los dos?

>   Sin duda que han engañado
>   a Parmenión; yo quiero
>   tomar la bebida; hoy muero
>   de amigo y de confiado.
>   ¡Vive Dios! de no temer,
>   cosa vil de buen amigo,
>   conciertos con mi enemigo,
>   ¿puede ser? Bien puede ser;
>   mas ¿cómo temo? ¿No soy
>   Alejandro? Pues ya tarda.

(Sale Filipo, médico, con un vaso y toalla.)

Filipo   Aquí la bebida aguarda.

Alejandro   Mientras que bebiendo estoy,
                    lee esa carta, Filipo.

Filipo   Toma el vaso, cuyo efeto
                    es tu vida.

Alejandro   ¡Qué indiscreto!
                    ¡Cielos, mi muerte anticipo!

(Mientras bebe Alejandro, lee Filipo así:)

>   «Una hija le ha ofrecido,
>   y una ciudad en que viva,
>   Darío a Filipo, que priva
>   contigo...»

Filipo   ¡Ay, cielo ofendido!

(Lee:)   «porque en la ocasión primera

	te mate: guárdate de él.»
Alejandro	¿Cuál a cuál fue más fiel?
	¿Cuál será justo que muera:
	yo, que de ti me fié
	mientras el veneno hiciste,
	o tú, que aquí me le diste
	contra la debida fe?
	Juzga, Filipo, tu causa;
	juzga la mía, y muramos
	los dos, pues los dos llegamos
	a quien la muerte nos causa.
	Yo, fiel amigo a ti,
	por tu mano moriré;
	tú, enemigo, tú, sin fe,
	morirás también por mí.
	Que sin tomarle ha de ser
	tu veneno el que me has dado:
	muero, y moriré vengado;
	y aquí podrás conocer
	mi rara naturaleza,
	pues hoy a morir me obligo
	solo por hacer contigo
	esta notable grandeza.
Efestión	¡Veneno! ¡Oh perro!
Filipo	Tened,
	capitanes, las espadas,
	y a las de Darío, doradas,
	sangrientas las ofreced.
	Escribe Parmenión
	que su hija me ha ofrecido
	el persa; verdad ha sido,

	pero no lo es mi traición;
	porque yo le respondí
	como era justo al tirano,
	y el testigo está en la mano,
	que es el vaso que te di.
	¿Cómo te sientes?

Alejandro   Mejor;
los brazos extiendo ya.

Filipo   Capitanes, bueno está
vuestro divino señor;
   dadme luego el galardón
de haberle dado salud.

Alejandro   Yo siento ya la virtud
de mi ardiente corazón.

Todos   ¡Viva Filipo!

Filipo   Decid
que viva Alejandro.

Todos   ¡Viva!
Premio Filipo reciba.

Alejandro   Ya le doy el premio, oíd:
   en mi asiento y carro de oro
laureado le llevad,
y con el mismo le dad
la mitad de mi tesoro.
   Hoy es día de mercedes;
pedid.

Severio	Yo pido, señor, para una hija favor; Rey eres, casarla puedes.
Alejandro	Severio, en dote le doy una ciudad.
Severio	Mira bien, que es mucho el don.
Alejandro	Yo también soy mucho, que soy quien soy. Escribe luego a Lisandro, de lo mejor de mi imperio; tú pides como Severio, y yo doy como Alejandro.
Aminta	Hazme mercedes.
Alejandro	¿Yo a ti, Aminta? ¿Qué es lo quieres?
Aminta	Que dejes esas mujeres y me quieras sola a mí.
Alejandro	¡Qué bien tu intento acomodas! No las puedo despedir.
Aminta	Pues ¿qué harás?
Alejandro	Solo decir que te quiero más que a todas.
Vitelo	Vitelo llega a tus pies.

Alejandro	Pide, honor de mis soldados.
Vitelo	Que de treinta mil ducados me pagues el interés.
Alejandro	Confieso que te los debo; mas fue concierto pagarte en Grecia.
Vitelo	Pensé obligarte, y hasme engañado de nuevo; que, según entrando vas por Asia, no volveremos a Grecia.
Alejandro	Pues ya daremos un medio.
Vitelo	¿Qué medio das?
Alejandro	Que te pague ioh buen Vitelo! cuando acabe de ganar el mundo.
Vitelo	¡Buen esperar!
Alejandro	¿Es mucho?
Vitelo	¡Guárdete el cielo! Pero ¿cuándo acabarás de ganarle?
Alejandro	¡Vive Dios!

                    Antes de un año.

Vitelo   Por dos
            lo tomo.

Alejandro   Dudoso estás;
            pues éste el concierto sea:
            que si yo el mundo ganare,
            no te pague; y si llegare
            a que le gane y posea,
               tú me pagues otro tanto.

Vitelo   ¿Con eso sales ahora?
            No estaré en tu campo un hora,
            ¡por todo Júpiter santo!
               Si no me das luego aquí
            mi dinero.

Alejandro   Pues ¿por qué?

Vitelo   Porque cuando le fié
            y para Grecia le di,
               eras Rey de un reino solo;
            pero si me has de pagar
            cuando vengas a ganar
            el mundo de polo a polo,
               serás señor, bien lo fundo,
            del dinero que te fío,
            pues ¿qué pediré por mío
            a quien es señor del mundo?

Alejandro   Enséñante los cuidados
            ¡oh Vitelo! a ser sutil;
            mientras doy los treinta mil,

	le daréis cien mil ducados.
Vitelo	¿Qué dices? ¡Pagar no puedes treinta mil, y cien mil das!
Alejandro	Treinta de deuda son más que treinta mil de mercedes.
Leónides	Ya, ¿qué te queda que dar?
Alejandro	Leónides, siempre me queda.
Leónides	Tu Majestad me conceda aquel peto y espaldar que te envió el Rey de Epiro.
Alejandro	Dadle cien arneses luego.
Lisandra	También a pedirte llego.
Alejandro	Con buenos ojos te miro.
Lisandra	Esos quizá te pidiera si no fuera atrevimiento.
Alejandro	Como te dieran contento, los sacara y te los diera.
Lisandra	Mirar bien, es dar los ojos; eso pido que me des.
Alejandro	No me ganes por cortés, que recibo de eso enojos. No ha de haber hombre nacido

	que se me pueda alabar,

                  que se me pueda alabar,
que en cortesía y en dar
haya a Alejandro vencido:
   dente el collar de Menón,
que era todo de diamantes.

Efestión   Con dádivas semejantes,
¿qué dejas a Efestión?

Alejandro   A ti, yo no te doy nada.

Efestión   ¿Por qué?

Alejandro   Porque eres mi amigo;
que no he de partir contigo
lo que es tuyo.

Leónides   ¡Honra extremada!

Alejandro   Por eso nada te di;
cuanto tengo, considera
que es de la misma manera
de mi amigo que de mí.

Lisandra   Aquí está un embajador
de Darío.

Alejandro   Llegue.

(Sale Tebandro, embajador, y criados con una caja.)

Tebandro   Un presente
y carta del Rey de Oriente
te traigo, invicto señor.

Alejandro	¿Presente? Muéstrale a ver.
Tebandro	Abre la caja.
Efestión	Éstas son unas riendas.
Alejandro	¿Qué razón le pudo a Darío mover?
Efestión	Aquí hay más: una pelota y una bolsa con dinero: ¡presente extraño!
Alejandro	Leer quiero.
Tebandro	El Macedón se alborota.
(Lee Alejandro.)	«El Rey de los reyes, Darío, y de los dioses pariente, a Alejandro, mi criado, le mando y digo que en breve a sus deudos, mis esclavos, se vuelva, y que se recueste de su madre en el regazo, donde, para que le enseñen, a ser hombre, envió esas riendas, que al cuello aplicarle pueden; esa pelota, con quien con otros muchachos juegue; y ese dinero, que pierda, y con que pueda volverse; y si luego que ésta vea

	no se fuere, inobediente,
	enviaré mis capitanes
	que azotado me lo entreguen.»
	¿Hay soberbia semejante?
	¿Dónde queda este insolente?
Tebandro	¿Así hablas?
Alejandro	¿Y tú, loco,
	por embajador te atreves
	a decir que yo hablo así?
	¿Dónde queda?
Tebandro	Donde puedes
	vengarte de su arrogancia,
	pues ésta te lo parece,
	de quien trescientos mil hombres
	trae de a pie, que guarnecen
	cien mil de a caballo, y todos
	mozos robustos y fuertes.
Alejandro	Dile a Darío, embajador,
	que Alejandro, Rey de reyes,
	se espanta de que así trate
	a quien presto servir debe,
	y que tomo por agüero
	las tres cosas que me ofrece:
	las riendas, que pienso echar
	a la libertad de Oriente;
	la pelota, porque al mundo
	que voy a ganar parece;
	y el oro, como a señor
	de todo el oro que tiene;
	veinte mil hombres le he muerto

| | de a pie, y de a caballo siete;
| | los demás vi por la espalda,
| | no sé el número que fuesen;
| | sí por cuatrocientos mil
| | que trae arrogante viene,
| | le aseguro que no aguarde,
| | que me busque, aunque él lo piense,
| | porque le pienso alcanzar
| | tan presto, que apenas llegues
| | a dar nuevas de que voy.

Tebandro   Tu vida el cielo prospere.

(Vase.)

Alejandro   ¡Ea, soldados, al arma!
              Esta ocasión nos ofrece
              todo el imperio del Asia.
              ¡Muera Darío!

Efestión   ¡Vive, y vence!

(Vanse, y salen Darío y Arsaces.)

Darío   Esto le escribí.

Arsaces   Bien haces,
              en poner al Macedón
              freno.

Darío   No pienses, Arsaces,
              que después de esta ocasión
              haré con los griegos paces.
              ¡Vive Júpiter! Si pasa

	a Tarso y su campo abrasa,
	que un freno de oro he de hacer,
	donde le vengan a ver
	con las fieras de mi casa.

Arsaces   Volveráse a Europa luego
                       que vea, señor, tu carta.

Darío   Eso le mando y le ruego;
                       que solo que al mar se parta,
                       le ha de librar de mi fuego.

Arsaces   Tus hijas vienen aquí.

(Salen Deyanira y Polidora.)

Darío   ¡Deyanira, Polidora!

Deyanira   ¿Qué haces, señor, ansí?

Darío   Dicen que Alejandro ahora
                       huye del Asia y de mí:
                          ¿quieres que vaya tras él?

Polidora   Antes, que te guardes de él;
                       que lo que dice la fama
                       es que te provoca y llama
                       para batalla cruel.

Darío   ¿Alejandro?

Deyanira   Sí, señor.

Darío   ¿El muchacho?

Deyanira   Ese mancebo.

Darío   Aquí está el embajador.

(Sale Tebandro.)

Tebandro   A decirte no me atrevo
                del Macedonio el rigor;
                   que fuera de su respuesta,
                arrogante y descompuesta,
                marcha tras mí con su gente
                tan veloz, que queda enfrente
                de tus ejércitos puesta.
                   En las riendas, significa
                yugo a tu gente remota;
                el oro, tu hacienda rica
                que conquista; y la pelota,
                la bola que al mundo aplica;
                   tomólo por buen agüero,
                y en un caballo ligero
                con una lanza corrió,
                con que su campo animó,
                y viene.

Darío   No más; ¿qué espero?
                   Arsaces, no hay más que hacer;
                los carros de oro te encargo,
                de mis hijas y mujer.
                ¿Para qué, Alejandro, alargo
                la gloria que he de tener,
                   y el castigo que he de darte?
                ¡Ea, valientes persianos,
                que os está aguardando Marte

	con el laurel en las manos!
Arsaces	Tus escuadrones reparte; que hoy le has de quitar la gloria, y a la fama aquella pluma con que comienza su historia.
Darío	Hoy haré que se consuma su nombre con mi victoria.

(Vanse.)

Polidora	¡Ay, Deyanira! ¿Qué pecho no se turba con el nombre de Alejandro?
Deyanira	Yo sospecho que es algún dios, y si es hombre, de los mismos dioses hecho: ¿qué suceso, qué fortuna, te prometen sus hazañas?
Polidora	Que, pues fácil o importuna, de tantas tierras extrañas no se le escapa ninguna, debe de querer el cielo a este mancebo famoso dar el imperio del suelo.

(Tocan una caja y alguna guerra.)

Deyanira	Ya suena el son belicoso.
Polidora	Toda me ha cubierto un hielo;

| | aquí, en tanto, Deyanira,
que pasa la guerra fiera,
su estrago sangriento mira.

Deyanira   Ya con la primer bandera
el griego al persa retira.
　　¿Es, por dicha, aquel mancebo
este Alejandro?

Polidora   　　　　　　　　Sí, es él.
Héctor, Paris y Deifebo
no se comparen con él.

Deyanira   ¡Fiero Marte!

Polidora   　　　　　　¡Aquiles nuevo!

(Vanse, suena la guerra, sale Alejandro.)

Alejandro   Ea, valientes soldados,
honor y gloria de Europa;
darme el imperio del Asia
está en vuestra mano sola.
Ea, fuertes capitanes;
que fuera de tanta gloria,
de Darío y del mundo, aquí
están las riquezas todas;
yo no las quiero, soldados,
solo quiero la victoria;
para vosotros serán
el oro, plata y las joyas;
hijo de Júpiter soy,
no temáis; que basta y sobra
para cuatrocientos mil

esta espada o esta sombra.

(Suena la caja, salen Tebandro y Rojane, amazona, acuchillándose.)

Rojane   ¡Ríndete, persa cruel!

Alejandro   ¡Oh, valerosa amazona,
                    los fuertes hombres te imitan!

Tebandro   Rendirme es cosa afrentosa;
                    pero si es a tu hermosura,
                    solo con los ojos corta,
                    tira rayos de la vista.

Rojane   ¿Requiebros, persiano, agora?
                    ¡Aquí dejarás la vida!

Alejandro   O peleas, o enamoras:
                    dale las manos atadas.

Tebandro   ¡Cielos, el huir me importa;
                    que éste es el mismo Alejandro!

(Vase.)

Alejandro   Déjale, hermosa señora,
                    y sígueme, porque veas
                    cómo se rinden y postran
                    a esta espada estos cobardes.

Rojane   Al lado de tu persona
                    no temo al mundo.

Alejandro   Camina,

que eres mujer valerosa.

(Vanse, y suena guerra, y sale Darío huyendo.)

Darío   ¡Volved, fuertes capitanes!
             ¿Dónde vais huyendo en tropa?
             ¿Éstas fueron las promesas
             vanas, soberbias y locas?
             ¡Cobardes persas, volved,
             que me quitáis la corona
             del Asia! ¿Mas qué me canso?
             Ninguno a escucharme torna.
             ¡Oh, cuán lejos siempre están
             las palabras de las obras!
             Temerario estrago han hecho
             las espadas macedonias;
             ya van llegando a los carros
             de mis hijas y mi esposa:
             si aguardo pierdo el imperio,
             pero moriré con honra;
             mas quiero guardar la vida
             para ocasión más dichosa.
             Quien muere, todo lo pierde;
             quien vive, todo lo cobra.
             Yo te buscaré otra vez;
             triunfa, griego, triunfa agora.

(Vase, y suena más guerra, y salen Aminta, Severio, Leónides, Lisírnaco y las hijas de Darío persas.)

Aminta   Digo que llegué primero.

Severio   Aminta, cuando te pongas
             en quitarme lo que es mío,

	medirémonos las hojas.
Leónides	Teneos, que estoy aquí.
Aminta	Capitán, con menos cólera.
Leónides	Pues ¿tú te pones conmigo?
Aminta	Y con Marte si me enoja, porque, de Alejandro abajo, no temo al mundo.
Leónides	¿Estás loca?
(Dentro:)	¡Victoria por Alejandro!
Severio	Ya publican la victoria.

(Sale Alejandro solo.)

Alejandro	Gracias te doy, padre inmenso, por la gloria que me has dado; yo prometo a tu sagrado altar cien libras de incienso, mil toros, dos mil corderos que tiñan tus blancas aras. ¿Qué es esto?
Lisímaco	Si no reparas, señor, tus soldados fieros harán algún desatino; las hijas de Darío son.
Leónides	Vuelve a ver su perfección

125

          y su donaire divino.

Alejandro
          ¿Aquí las hijas están
          de Darío?

Lisímaco
                    Vuelve, señor,
          a verlas.

Alejandro
                Tengo temor
          de mirarlas, capitán.
              ¿No son hijas de vencido?

Lisímaco
          Sí, señor.

Alejandro
                Pues ¿qué me quieres?
          Que podrán, siendo mujeres,
          lo que Darío no ha podido;
            no dudes, verlas deseo;
          pero no las quiero ver,
          porque no sabe vencer
          quien no vence su deseo.

(Vase.)

Leónides
          No ha hecho mayor grandeza.

Lisímaco
          Que aún no las quiso mirar.

Severio
          No ha querido sujetar
          su victoria a su belleza.

Leónides
            Aminta, el premio tendrás
          de esta hazaña, y tú, Severio,
          tu parte.

Aminta   Goce este imperio
mi Rey, que no quiero más.

Leónides   Alzad los ojos del suelo:
no tengáis a disfavor
que Alejandro, mi señor,
use de tan justo celo.

Deyanira   Para usar de su crueldad
no se quiso enternecer;
que quien no nos quiso ver,
no quiso tener piedad.

Leónides   Antes piedad nunca oída,
por no usar con loco amor
la fuerza de vencedor
en la hermosura vencida;
   ejemplo a todos ha dado
de no forzar las cautivas.

Polidora   Así del cielo recibas
premio de habernos guardado,
   que alcances dél que nos vea
porque se mueve a piedad.

Leónides   No sé que la libertad
mayor que el no veros sea;
   porque fue hazaña que asombre,
si estaba al daño en el ver,
el no veros, por no hacer
cosa indigna de su nombre.

(Vanse; salen Lirano y Tirreno, villanos.)

Lirano   Echa la ribera abajo
              todas las cabras, Tirreno.

Tirreno   Golosas del prado ameno,
              vienen por su verde atajo.
                 ¡Por Dios! En tiempo de guerra
              no me agrada ser pastor:
              lo uno, por el furor
              con que destruyen la tierra;
                 lo otro, por el cuidado
              en que me pone el pensar
              que fuera mejor trocar
              mi soldada a ser soldado.

Lirano   ¿Tú soldado?

Tirreno   ¿Por qué no?
              Las armas me satisfacen;
              también los soldados se hacen
              de otros hombres como yo.

Lirano   Si en la primera ocasión,
              que en esto solo me fundo,
              te despacha al otro mundo
              un soldado macedón,
                 ¿qué dirías de la vida
              de los soldados allá?

Tirreno   Luego ¿los matan?

Lirano   Verá:
              de una y otra fiera herida.

Tirreno   Pues, Lirano, más me quiero,
que acá la vida se pase,
por más que julio me abrase,
por más que me hiele enero.
   Amanézcame en los ojos
el Sol por el suelo echado;
de la noche el carro helado
me cubra entre estos abrojos.
   Deme esta fuente agua pura,
y aquella encina bellotas,
antes que gentes remotas
muerte incierta y sepultura.
   ¡Rita acá, ganado mío,
que no soy soldado ya!
Verá por dónde se va,
mas que no para hasta el río.

(Sale Darío huyendo.)

Darío   Si acaso tenéis, pastores,
dónde me pueda albergar,
y dan a un triste lugar
árboles, fuentes y flores,
   hacedme este bien; que vengo
poco menos que expirando;
y advertir que, en descansando,
volved al camino tengo;
   que no os daré pesadumbre.

Lirano   ¿Sois soldado?

Darío   ¿No lo veis?

Lirano   Pues ¿cómo subido habéis

	por esa difícil cumbre? ¿Vais huyendo?
Darío	Huyendo voy.
Lirano	Según eso, mal le ha ido a Darío.
Darío	Queda vencido, y aun muerto pienso que estoy.
Tirreno	¡Vencido! Pues ¿puede ser que al mayor rey del Oriente, con tantas armas y gente, le pueda otro rey vencer?

Darío	Sí, porque es ley en el suelo
	 que estén sujetas y llanas
	 todas las cosas humanas
	 a la voluntad del cielo.
	    Darío, a quien el Sol, apenas
	 nacido, a dorar venía;
	 Darío, a quien Persia ofrecía
	 oro y plata a manos llenas;
	    Darío, que un campo juntó
	 de cuatrocientos mil hombres,
	 la fama de cuyos nombres
	 el polo opuesto tembló;
	    Darío, que cuando salía
	 dos mil criados llevaba,
	 hoy muestra que el tiempo acaba
	 toda esta gloria en un día.
	    Que de Alejandro vencido,
	 mozo de buena fortuna,

>   sin honra, sin gente alguna,
>   va caminando perdido;
>   y por dicha puede ser
>   que, sin caballo y sin gente,
>   el que ayer mandó el Oriente,
>   hoy no tenga qué comer.

Lirano   ¿Sois vos, acaso, señor?

Darío   ¡Cielo! ¿Qué es esto?
¿Tantos agüeros, tantas desventuras?
¡Oh, villanos correos de mi muerte!
¡Vive Júpiter santo, que esta espada
os dé el hallazgo de la tabla de oro!

Lirano   ¡Señor, mira que estamos inocentes!

Tirreno   ¡Huye, Lirano, que se ha vuelto loco!

Darío   ¡Hasta perder la vida todo es poco!

(Vanse, y salen Alejandro y su gente.)

Alejandro   Rindióse, en fin, Sidón; rindióse Tiro.

Leónides   Todo se rinde a tu valor supremo.

Alejandro   A ser solo señor del mundo, aspiro.

Leónides   Que es poco el mundo a tu esperanza, temo.

Alejandro   Rey quiero dar a esta ciudad famosa.

Lisímaco   Aquí viene tu huésped Tepolemo.

(Sale Tepolemo.)

Tepolemo
¡Guarde el cielo tu vida generosa!

Alejandro
Huésped, famosamente me has tratado.

Tepolemo
Mi casa honraste, humilde, aunque dichosa,
   hago cuenta que a Júpiter sagrado,
cual otra Filemón, en su pobreza
tuve, puesto que indigno, aposentado.

Alejandro
   Huésped, pagarte quiero.

Tepolemo
                  ¿Qué riqueza
mayor que haberte en ella merecido?

Alejandro
Conozco, Tepolemo, tu nobleza:
   rey de Sidón te hago.

Tepolemo
                 No ha tenido
tu igual el mundo: ¿a un huésped de dos días
haces rey de su patria obedecido?

Alejandro
   ¿Qué menos paga, huésped, merecías?

Tepolemo
Señor, yo te suplico no lo mandes;
no son para reinar las fuerzas mías.

Alejandro
   Venciste en eso mis hazañas grandes;
mas nombra un rey, y el que quisieres sea,
como ajustado a tus virtudes andes.

Tepolemo
   Si he de nombrar un hombre que posea

	por su virtud el reino, por mi mano, no habrá, señor, alguno que me crea.
Alejandro	Di presto el que te agrada.
Tepolemo	Es hombre llano. ¿Es virtuoso?
Tepolemo	Sí.
Alejandro	¿Quién?
Tepolemo	Dolomino.
Alejandro	¿Qué ejercicio?
Tepolemo	Señor, es hortelano.
Alejandro	Pues tú dejas el reino, siendo dino por tu virtud del cetro, y otro nombras, sin duda es hombre de valor divino. Parte por él.
Tepolemo	Yo voy; que entre las sombras de esta huerta, señor, está cavando.
(Vase.)	
Alejandro	Camina, Tepolemo, que me asombras.
Leónides	Aqueste labrador te anda buscando.
(Sale Tirreno.)	

Alejandro	¿Qué quieres?
Tirreno	No acierto a hablar.
Alejandro	¿Qué te turba?
Tirreno	El ver un hombre
tan divino, que se nombre
dios del mundo y rey del mar.
Alejandro	Llega.
Tirreno	¿Darásme licencia
que te toque?
Alejandro	No es razón
si las imágenes son
tratadas con más decencia;
pues si nadie, por respeto,
las llega, ¿qué harán al dios?
Tirreno	Qué, ¿eres dios?
Alejandro	Mira en los dos
el diferente sujeto.
Tirreno	Señor del mundo, aquel día
que en Asia tu campo entró,
un potrillo me parió
una yegua que tenía.
Era tan bella, que luego
me di a pensar que era justo
crialle para tu gusto.

Alejandro   Pues ¿por qué?

Tirreno   Escucha, te ruego:
   porque soñé que serías
rey del Asia, y presumí
que, en presentártele a ti,
algún premio me darías:
   Crióse el potro, y salió
de suerte, en estos tres años
que por hechos tan extraños
Asia tu nombre temió,
   que era bien digno de ti;
mas cuando ya le traía,
en aquella casería
que casi ves desde aquí,
   dos viejas y un labrador
me le miraron de suerte
que me le llevó la muerte
como el arado a la flor.
   Lloré triste, y en desollando
el potro, que en carnes dejo,
te traigo solo el pellejo,
que es aquel que estás mirando.

Alejandro   Yo te agradezco, buen hombre,
el intento que has tenido;
y pues que criado ha sido
ese caballo, en mi nombre,
   quiero estimar el pellejo.
¡Hola! Guardadle muy bien,
y haced que luego le den,
por la intención y el consejo,
   dos caballos de los míos
y seis mil escudos de oro.

Tirreno   Besen esos pies que adoro,
            indios negros, escitas fríos.

(Vase Tirreno, y salen Tepolemo y Dolomino.)

Tepolemo   Aquí está aquel hortelano
            que has hecho rey.

Alejandro   Llega, amigo.

Dolomino   No tendrán mayor testigo
            las grandezas de tu mano:
               de una pobre humilde huerta
            a un reino altivo me pasas,
            y de estas deshechas casas
            a un aula de oro cubierta;
               de un suelo, a tantas riquezas,
            y al cetro, de un azadón;
            conozca el mundo que son
            de Alejandro las grandezas.

Alejandro   No son mías, de que estoy
            confuso, amigo, en extremo;
            el grande fue Tepolemo,
            pues te da lo que te doy;
               que si rey te constituyo,
            rey me quedo, mas él no,
            pues el reino que te dio
            era solamente suyo.

Lisímaco   Ya ha llegado Efestión
            de la gran Jerusalén.

(Sale Efestión.)

Alejandro ¡Vengas mil veces con bien!
¿Qué hay, tenemos provisión?

Efestión No quisiera decirte la locura,
invicto Rey del mundo, hijo de Júpiter,
con que estiman a Darío los hebreos
por no causarte enojo.

Alejandro ¿Qué responden?

Efestión Di tu embajada, Rey, al duque Hircano,
y de Jerusalén al gran Pontífice,
mandándolos que luego te obedezcan
y que te envíen gente y provisiones
con los tributos que pagar solían;
y responden que hicieron homenaje
a Darío, a quien por rey y señor tienen,
y que no te conocen, ni era justo
dejar al propio Rey por el extraño.

Alejandro ¡Blasfemo de los dioses, que es palabra
que no dije en mi vida al nombre mío!
¿Jerusalén responde de esa suerte?
Pues ¡cómo! Voy de paz, siendo yo el rayo
que envía Dios para abrasar el mundo,
¿y atrevida me niega la obediencia?
Soldados, desde el día que salimos
de Europa, no he tenido tal respuesta,
ni me parece que nos han quitado
nuestro debido honor, pesar de Júpiter,
aunque perdone el ser mi soberano
padre en la tierra. ¡Vamos; marcha, toca!

No ha de quedar, Jerusalén, si puedo,
piedra en tus muros. ¿Piensas, por ventura,
loco Israel, que tienes capitanes
a quien se pare el Sol como otro tiempo,
que con trompetas y con luz vencías?

Lisímaco
¡Vivas mil años, guárdente los dioses!
Jerusalén es rica en todo Oriente;
no hay ciudad que nos pueda henchir las manos
con tal satisfacción.

Alejandro
 Yo os doy licencia
para un sangriento saco. ¡Vive Júpiter,
que no ha de quedar hombre vivo en ella!
Los niños degollad, y las mujeres
colgad de los cabellos por los árboles.
¡Muero, rabio, deshágome! ¿Qué es esto?
¡Jerusalén a mí! ¡Camina, toca!

Efestión
Justa razón a enojo le provoca.

(Vanse, y salen Hircano, Duque de Jerusalén, y Jado, sumo sacerdote.)

Hircano
 En esta gran confusión,
¿qué es lo que piensas hacer?

Jado
Acudir a la oración,
que Dios tiene más poder
que el soberbio Macedón.
 Retírate, Duque, allí;
que si el gran Dios de Israel
no da remedio por mí
contra Alejandro cruel,
¡ay, Jerusalén, de ti!

Hircano	Llega, sacerdote santo,
y misericordia pide
al gran Dios que puede tanto;
di que su pueblo no olvide,
dile que escuche su llanto.

(Salgan las mujeres de Jerusalén.)

Mujer I	Generoso duque Hircano,
y tú, Jado, soberano
sacerdote, ¿qué respuesta
tan airada y descompuesta
disteis a Alejandro Magno?
    ¿Qué es esto, que ya furioso
a Jerusalén camina?

Mujer II	Duque ilustre y generoso,
mira el llanto y la ruina
de este tu pueblo piadoso;
    mira con qué confusión
al alcázar de Sión
suben mujeres cargadas
de sus hijos, las espadas
temiendo del Macedón.
    ¿Por qué el tributo negáis,
pues no era tanto tesoro?
Si acaso pobres estáis,
tomar nuestras joyas de oro,
pues nuestra sangre le dais.
    ¿No veis que siempre en el saco
es la furia más sangrienta,
en dándose un pueblo a saco?

Jado

(De rodillas.)

    Mientras su venida intenta,
    quiero ver si al cielo aplaco.
    ¡Divino Dios de Israel,
    que del cuchillo cruel
    de Faraón nos libraste,
    que abriste el mar y mandaste
    que se cerrase con él!
      de Alejandro nos defiende,
    libra tu Jerusalén;
    detén el rayo que enciende
    el Asia, pues hoy también
    tu templo arruinar pretende.
    ¡Libra tu pueblo, Señor!

(Un ángel en lo alto.)

Ángel

    Jado, no tengas temor.

Jado

    Furioso Alejandro viene:
    ¿qué haré?, que desnuda tiene
    la espada de su rigor.

Ángel

      A toda Jerusalén
    harás vestir, y prevén
    palmas, ramos e instrumentos,
    y a recibirle contentos
    salga la ciudad también.

(Desaparece.)

Jado

      ¿A un hombre sangriento y fuerte,
    que blasfemó por vengarse,
    recibir de esa suerte?
    ¿De qué servirá enramarse

	ni el ir cantando a la muerte?
	Ahora bien, Dios lo ha mandado:
	no hay que replicar a Dios.

Hircano   ¿Qué te responde?

Jado   He pensado
que faltarnos fe a los dos
fuera soberbio pecado.
  Venid, que Jerusalén
se ha de vestir, y con ramos
irle a recibir también.

Hircano   ¿Dios no lo manda? Pues vamos:
música y palmas prevén.

(Salga toda la gente de Alejandro, delante, en orden, y él detrás, armado.)

Alejandro   ¡Soberbia Jerusalén,
sumo sacerdote Jado,
cobarde Duque, vil gente,
alcázar de David santo;
gran templo de Salomón,
fuertes puertas, muros altos,
mirad que llega a vosotros
de Dios el ardiente rayo,
la espada de su justicia
y azote de su mano!
Alejandro soy, hebreos;
agora veréis si paso
vuestro arroyuelo Cedrón,
yo que pasé mares tantos.
A Darío decís que dais
tributo, a mi esclavo Darío,

                    cuyas hijas y mujeres
                    traigo presas en mi campo;
                    a Darío, que en Babilonia,
                    entre mujeres hilando,
                    está escondido de mí!
                    ¿Qué es lo que aguardáis, soldados?
                    ¡Fuego, armas, sangre, guerra:
                    Jerusalén ha de quedar por tierra!

(Salen los músicos, una danza de mujeres, el Duque, el sacerdote, y los que pudieren coronados de laurel, con palmas y ramos.)

(Cantan:)   Venga norabuena,
                        con sus soldados
                    a Jerusalén
                    su rey Alejandro.

(Apéase Alejandro en viendo al sacerdote, y échase a sus pies.)

Alejandro   ¡Oh, soberano señor!
                  Dame esos pies sacrosantos.

Efestión   ¿Qué es esto, señor del mundo?
                  ¿Tú adoras pies de hombre humano?

Lisímaco   ¿Tú eras aquel que decías
                  que hasta las niños de un año
                  no perdonase el cuchillo?

Alejandro   ¿De qué os admiráis, soldados?
                  Sabed que cuando salí
                  de Europa desconfiado,
                  y confuso de emprender
                  un pensamiento tan alto,

	Dios me apareció en la forma
	que este sacerdote santo,
	con este mismo vestido,
	y así me dijo: «Alejandro,
	parte al Asia; que aquí estoy
	de tu parte, y con mi amparo
	serás su rey». Pues si yo
	veo aquí la forma y hábito,
	de Dios, que esto me promete,
	no os cause, amigos, espanto
	que le adore y reverencie.
Lisímaco	¡Justo ha sido!
Lisímaco	¡Caso extraño!
Jado	Yo te mostraré, señor,
	cómo está profetizado
	del profeta Daniel
	el fin del reino persiano,
	y la griega monarquía
	que en ti comienza, Alejandro
	ven a nuestro santo templo,
	sacrifica a Dios.
Alejandro	¡Hircano, dame esos brazos!
Hircano	Los pies te pido.
Alejandro	Aquí están los brazos.
Hircano	El año, séptimo, Rey,

                no cogemos ni sembramos;
                de este tributo nos libra.

Alejandro   Yo os hago exentos y francos:
                vamos al templo en que a Dios
                incienso y mirra ofrezcamos.
                Ésta es la primera parte;
                para la segunda guardo
                el fin, aunque son sin fin
                Las Grandezas de Alejandro.

                Fin de la comedia

Libros a la carta
A la carta es un servicio especializado para
empresas,
librerías,
bibliotecas,
editoriales
y centros de enseñanza;
y permite confeccionar libros que, por su formato y concepción, sirven a los propósitos más específicos de estas instituciones.
Las empresas nos encargan ediciones personalizadas para marketing editorial o para regalos institucionales. Y los interesados solicitan, a título personal, ediciones antiguas, o no disponibles en el mercado; y las acompañan con notas y comentarios críticos.
Las ediciones tienen como apoyo un libro de estilo con todo tipo de referencias sobre los criterios de tratamiento tipográfico aplicados a nuestros libros que puede ser consultado en Linkgua-ediciones.com.
Linkgua edita por encargo diferentes versiones de una misma obra con distintos tratamientos ortotipográficos (actualizaciones de carácter divulgativo de un clásico, o versiones estrictamente fieles a la edición original de referencia).
Este servicio de ediciones a la carta le permitirá, si usted se dedica a la enseñanza, tener una forma de hacer pública su interpretación de un texto y, sobre una versión digitalizada «base», usted podrá introducir interpretaciones del texto fuente. Es un tópico que los profesores denuncien en clase los desmanes de una edición, o vayan comentando errores de interpretación de un texto y esta es una solución útil a esa necesidad del mundo académico.
Asimismo publicamos de manera sistemática, en un mismo catálogo, tesis doctorales y actas de congresos académicos, que son distribuidas a través de nuestra Web.
El servicio de «libros a la carta» funciona de dos formas.
1. Tenemos un fondo de libros digitalizados que usted puede personalizar en tiradas de al menos cinco ejemplares. Estas personalizaciones pueden ser de todo tipo: añadir notas de clase para uso de un grupo de estudiantes, introducir logos corporativos para uso con fines de marketing empresarial, etc. etc.

2. Buscamos libros descatalogados de otras editoriales y los reeditamos en tiradas cortas a petición de un cliente.

www.ingramcontent.com/pod-product-compliance
Lightning Source LLC
Chambersburg PA
CBHW051652040426
42446CB00009B/1097